「売れる営業」を創出する

BtoB マーケティングの「型《かた》」

Discover ディスカヴァー

目次

はじめに

BtoBマーケティングによって世の中は変わる

世の中には、多種多様のマーケティング本が存在しています。

高度な数式を使う難解な理論から、親しみやすい物語で平易に解説する読み物まで、書店を訪れれば多種多様な書籍を目にすることができるでしょう。

なぜ、これほど多くの人がマーケティングについて語るのでしょうか。

そのおもな理由は、マーケティング領域は日々更新されていくという特徴があるため、永遠に完成の域に到達しないからだといえます。学問としてはそれなりの歴史がありながらも、ビジネスの進化とともにかたちを変えるため、その多様化のスピードに追いついていく必要があるのです。

また近年は、ビジネスのデジタル化が加速しています。ビジネスパーソンは、マーケティングのデジタル化について、真剣に考えはじめる必要がある時代だといえるでしょう。

このような背景があるなかで、私は、私にしか書けないマーケティングにかんする本を執筆しようと考えました。

そのおおきな動機となったのは、私自身がマーケティングを学び、マーケティングに向き合うなかで、痛感した次のような想いです。

「これからマーケティングを学ぶ人には、地下から出発するのではなく、地上からスタートしてほしい」

仮に、マーケティングの構築を「地下1階、地上30階建てのビル」にたとえたとしましょう。マーケティングを学びはじめたばかりの知識や経験に乏しい人は、地上1階からスタートして上階に上ろうとします。しかし、マーケティングを理解するうえで必要なさまざまな基礎知識さえない人にとっては、地下からスタートするしかない場合もあります。

私自身がまさに、光の届かない地下から必死になって地上に上ってきたタイプの人間でした。

当時の苦い経験は、振り返ってみれば私自身の成長にとってプラスになる時間だったかもしれません。しかし、その苦労の真っ只中にいたときは、時間的損失にほかならないと感じていました。あのとき、もし地上からスタートできていれば、もっと効率的に30階を目指すことができていたはずなのです。

地下から地上に這い出てくるまでの、いわば「必要のない時間」を、これから本格的にマーケティングを学ぼうとするみなさんには味わってほしくないのです。

だからこそ、私は本書の執筆に思いいたりました。

読者のみなさんには、本書で紹介するマーケティングの基礎を身につけていただき、それぞれの現場で活かして、有利に仕事を進めてほしいと願っています。さらにいえば、本書からの学びによって、地上1階ではなく、可能ならば地上10階くらいからスタートしていただくのが理想的だと考えています。

営業は「百三つ」「千三つ」が当たり前

なぜ「みなさんには、地上10階からスタートしてほしい」と考えるようになったのか、少しだけ私の「前史」を紹介させてください。

私の生家は、印刷会社を営んでいました。

1973年に父が裸一貫から創業した会社です。もともと父は、高校を卒業して印刷会社に勤務していたサラリーマンでした。従業員として印刷業の世界に飛び込んだのですが、その仕事内容をみているうちに「私でも経営ができるのではないか?」と思ったといいます。そうして、父は楽観的な見通しで創業しますが、立ち上げてみたら会社を経営するということが、いかにたいへんなことかを思い知らされたといっていました。

父が印刷会社を創業した翌年、長男として私が生まれます。

私は物心つくころから、印刷業に親しんで育ちました。学校が夏休みになると印刷物の納品を手伝ったり、訂正シールを貼ったりするなどして、お小遣いかせぎをしてすごしました。

そのような体験を続けているうちに、おぼろげながら心に浮かんでいたのは「いずれ印刷会社に勤務し、長男として家業の印刷会社を継ぐのだろうな」ということでした。

ただしそれは、家業を継がなければならないという義務感からではありませんでした。父の仕事を横からみていて、印刷業に対して純粋に興味が湧いていたからです。

もともと、私はクリエイティブやデザインに興味があり、絵を描くことが好きな子どもでした。父が手がける印刷の仕事を追いかけると同時に、クリエイティブやデザインと親和性が高い印刷ビジネスが、私なりに面白そうだと感じるようになっていったのです。

大学時代の就職活動でも、印刷会社にターゲットを定めていました。ちょうど就職氷河期でたいへんな状況だったものの、採用してくれた企業があったのは幸いでした。就職したのは、当時従業員500人、売り上げ150億円の中堅印刷会社でした。かつての勤務先の悪口をいうつもりは毛頭ありませんが、非常に厳しい職場だったのはまちがいありません。そのことを一瞬で感じたのが、晴れて入社したその日に、徹夜明けの先輩がダンボールのうえで寝ている姿をみたときでした。そのときの衝撃はとてもおおきかったことをいまだに覚えています。

私が最初に配属されたのは、新規営業の部隊でした。その会社は「既存顧客を守る部隊」と「新規営業の部隊」にわかれていて、新規営業の部隊はいわば「遊軍」のように扱われていました。

「とにかく新しい顧客を開拓してこい」という号令のもと、入社1年目で右も左もわからない私も、あちこちにあるオフィスビルを訪ねては、丸ごと1棟上から下まで順に飛び込むという昔ながらの営業に駆けずりまわることになります。

足を棒にして得たのは、新規顧客を開拓するのがいかにむずかしいかという経験でした。先輩からは「百三つ」「千三つ」という言葉を教えられ、取り引きができるようになるのは100件に3件、顧客として長く友好な関係を築くことができるのは1000件に3件という、きわめて厳しい世界であることを思い知らされたのです。

とはいえ、新規開拓は企業にとって非常に重要であることは、この時期に強く認識することができました。新しい顧客が循環しない限り、会社は成長しないからです。入社してすぐに新規開拓の世界に飛び込むことで、そのむずかしさを知り、同時にその面白さや意義を体験することができたのは、私にとって財産でした。

「顧客の役に立つ」という視点をもつ

新規開拓営業にも慣れてきて、間もなく入社4年目を迎えようとした春、私は3年間勤務した印刷会社に辞表を出しました。もう少しこの会社で実績を積みたいという思いがあったのが本心ですが、父からの「そろそろ帰ってこないか」という言葉に背中を押され、従業員500人の中堅企業から、わずか従業員15人の零細企業に転職したのです。

父の会社に移って感じたカルチャーショックは、いいようのないほどおおきいものでした。

何十年もまえから変わっていない旧態依然たる雰囲気で、従業員のマインドをはじめ、会社の設備や備品なども旧式のものばかりです。転職したのは2002年のことでしたが、その時点でパソコンは1台のみでした。見積もりなどは、市販されている用紙に手書きで数字を書いてだしていました。

しかし、なによりも問題だったのは、新規顧客開拓がまったく進んでいなかったという実態です。新規顧客の必要性は、それまで勤めていた会社よりも深刻だったにもかかわらずです。

価格競争力がない
設備がない
顧客がいない

ないないづくしの零細企業としては、とにかく新規開拓営業によって実績をつくっていかなければ、会社を成長させることなどできません。私は、過去のコネクションをふくめ、使えるものはすべて使って新規顧客の開拓に力を入れることにしました。

ときには、企業規模のちいささを逆手にとって、顧客の信頼を獲得したこともありました。

印刷製造部門がフル稼働しているおおきな会社の場合、たくさんの機械を動かし続けることに集中しなければなりません。ところが、もともと機械をもっていなければ、その必要はなくなります。印刷会社でありながら、印刷を受注することだけに必死になることなく「顧客の役に立つ」という点に主眼を置くことができたのです。

高額な印刷機械というおおきな資産をもっていないことが、かえって私たちの会社のよさを引き出す利点になったのです。

効果は「見える化」しなければならない

はじめて「顧客の役に立つ」ことが成功につながったのは、展示会での受注案件でした。

父の会社は大阪にあったため、顧客は関西圏が中心でした。しかも製造業が多かったので、製品を東京に売り込む手段として、展示会に出展している会社も少なくなかったのです。自然な流れとして、印刷物の受注のついでのようなかたちで、私たちは展示会での仕事をいただくようになりました。

東京ビッグサイトや幕張メッセなどで開催される展示会では、出展各社は製品を紹介するブースを構えることになります。私たちの仕事は、イベントがおこなわれるブースのデザインや施工からはじまり、やがて3日間のブースの運営までふくまれるようになっていきました。

この仕事のメリットは、展示ブースの運営を任せてくれた企業が発注するさまざまな印刷物の受注ができるという点です。カタログや案内状などの製作を進める過程で、出展企業のことを深く知ることになるため、顧客との信頼関係も自然と深まっていきました。

私たちの展示会に対する仕事ぶりは、やがて顧客からも評価されるようになりました。非常にニッチな世界ではありますが、本業の印刷物の受注はもちろんのこと、印刷物ではない仕事でも顧客の役に立てることがわかり、自信を得ることができました。

その評価と自信が好循環を生み、展示会の仕事は次第に増えていったのです。

展示会の仕事の単価は、1回につき500万円から1000万円でした。やがてそれらの仕事は当時の売り上げの半分近くを占めるようになり、会社の重点事業へ育っていくのではないかと私たちは期待していました。ところが2008年、世界に波及したリーマンショックを機に、展示会への出展をやめる会社が続出します。

当時、顧客のうちの1社はこんなことをいっていました。

「展示会は効果がみえにくい。実際に商売につながっているかどうかさえわからない。そういうものに対してお金はだしにくい」

たしかに、500～1000万円もかけて出展したのに、効果がみえなければ継続して投資する理由は弱くなってしまいます。そうした投資は、景気が悪くなったときに真っ先に削減するのが経営判断としては妥当です。だとしたら、効果を「見える化」する以外に方法はありません。

では、そのためにどうすればいいのか。思い浮かんだのは、ブースを訪れた人からお預かりする名刺でした。

私たちは、顧客の展示ブースに連日詰めて、来場する人たちから名刺をいただく運営の手伝いもおこなっていました。３日間で１０００枚、多いときで２０００枚の名刺をパンチングし、そのデータを顧客に納品するのも重要な業務のひとつになっていたのです。

しかし、顧客サイドでは、その名刺データを新規取引の獲得につなげていませんでした。営業部門にその名刺データは渡っていましたが、それをしっかりと有効活用する人がほとんどいなかったのです。

私はこの問題を解決するために、名刺データの管理や見込客の獲得の方法を調べ、効果を見える化させる方法を模索しはじめました。

この模索のタイミングで私が出合ったのが、シンフォニーマーケティング社の庭山一郎氏が書いたブログでした。

そこには、見込客の管理方法、見込客の育成方法などが詳細に書かれていました。

このブログとの出合いが、私がＢｔｏＢマーケティングの世界に没入するきっかけとなったのです。

この世界を知れば知るほど「新規営業に力を入れると既存顧客がおろそかになり、既存顧客を手厚くすると新規営業ができない」という営業活動のジレンマを、ＢｔｏＢマーケティングが打開してくれるという確信がもてました。

恥ずかしながら以前の私は「ＢｔｏＢマーケティングは高度な数学の世界」というイメージが強すぎて、特別なスキルがなければ実装できないと思い込んでいました。でも、よく考えてみると、いままで私たちがやってきたことそのものが、ＢｔｏＢマーケティングではないかと思えたのです。

リソースを最適化して、専任化する

ＢｔｏＢマーケティングによって、私たちの会社は変われるのではないか。
ＢｔｏＢマーケティングによって、世の中を変えられるのではないか。

私は、そんなふうに考えるようになっていきました。

リーマンショック後の２００９年から２０１０年にかけて、私はＢｔｏＢマーケティングの知見をもつ人の講演をききにいったり、場合によっては直接話をききにいったりしていました。やがて、そこで学んだことを活かして、顧客に「展示会のアフターサービス」を提案するようになります。具体的には、展示会で獲得した名刺データをそのまま渡すのではなく、私たちの会社でメールマーケティングを代行するかたちを提案したのです。

それは顧客にとって「見える成果」となりました。私はＢｔｏＢマーケティングのニーズを感じるとともに、高い可能性があることを確信しました。

２０１３年、私たちは社名を「ワンマーケティング」に変更します。当時はまだ父が現役だったので、かなり議論を繰り返しました。親子だからこそけんか腰になったこともありましたが、最終的に「ワシにはおまえのいっていることがよくわからん。けれど、本当にお客さんの役に立つというのなら、好きにやったらいい」といって、父は私を信じてくれました。

社名を変えてまず取り組んだのは、会社にマーケティング組織をつくることでした。「本当にマーケティングは、これまでの営業活動におけるジレンマを解消するのか？」というおおきな課題に対して、実証することを目指したのです。さらに、社名に「マーケティング」の名を冠している以上、私たち自身がマーケティングカンパニーに軸足を移さなければならないと決意しました。

同時に、ウェブサイトもすべてリニューアルしました。当時はまだ少なかった、Ｂ

ｔｏＢに特化したコンテンツマーケティングをはじめるためです。

それまでは、とにかく足を運んで顧客の情報を取りにいくのが営業の仕事という認識でしたが、きっぱり営業にいくのをやめました。その時間を使って、ウェブサイトに掲載するコンテンツを書き、顧客のほうからやってくる仕組みに切り替えたのです。

あらたにマーケティング専業のスタッフも採用しました。既存の営業の人的リソースをマーケティングに振り向けるのではなく、仕事の専任化に舵を切りました。リソースを最適化し、専任化することで、各仕事のパフォーマンスをあげていこうと考えたのです。

マーケティングの世界にエコシステムをつくる

私たちがさまざまな変革に取り組んでいたころ、２０１４年にマルケト社が日本に進出してきます。当時のマルケト社は北米で定着しているマーケティングオートメーションの雄でした。

私は「Ｍａｒｋｔｏ」の凄さを見極めてもいないうちに、興味本位でアポイントを取り、説明をききにいきました。

初回の打ち合わせに現れたのは、のちに『ＴＨＥ　ＭＯＤＥＬ　マーケティング・インサイドセールス・営業・カスタマーサクセスの共業プロセス』を書く福田康隆氏でした。福田氏は、マルケトの日本法人（現 アドビ株式会社）の創設にもかかわっている人物です。このときに福田氏にお会いしていなければ、いまの私はなかったとされ思っています。

そのときの福田氏のお話で、強烈に印象に残ったのは次の言葉でした。

「マーケティングの世界にエコシステムをつくりたい」

２０１４年といえば、日本のＢｔｏＢマーケティング業界はまだまだ黎明期で、市場も成熟していないため、注目されてはいませんでした。そのため、競合がどこにいるかさえわからないのが、当時の私たちの悩みのひとつだったのです。

そのような状況であるにもかかわらず、新たなエコシステムをつくり、みんなが儲かり、みんなで市場を活性化させ、マーケターとよばれる人たちが脚光をあびるマーケティングの世界を日本につくりたいという理念は、非常に新鮮に映りました。

しかし、理念には強い共感を覚えたものの、マルケト社が提供するツールはハイエンドな商品でした。規模のちいさい零細企業の私たちにとっては、非常に高価なものです。そのため、福田氏と話した時点では、購入するつもりはまったくありませんでした。

しかし後日、福田氏から次の言葉をふくめたメールが送られてきます。

「選ばない理由がありますか？」

私はこの言葉をうけて、選ばない理由を自分なりに考えてみました。

しかし、どれだけ考えても理由が思い浮かびません。むしろ、マーケティング会社に脱皮したばかりの私たちにとっては、これは強力な武器になるとさえ思えました。マルケト、そして福田氏が提唱するマーケティングのエコシステムに、思い切って乗ってみたいと考えはじめたのです。

そうなると、問題となるのはサービス導入資金です。父に相談をすれば絶対に反対されることはわかっていたので、私はなにもいわずに導入の契約を交わしました。

地上10階からスタートするために

契約は2014年のことでした。私たちは、日本ではまだ50社以内に入るほど早期の顧客だったはずです。ところが、それから1年間はマルケトに苦しめられることになります。私たちにとっておおきな導入資金を投じたこのツールは、非常に扱いがむずかしいものだったからです。

いろいろなことができるツールであることはわかっていたものの、こちら側でなにをしていいかがわかっていなかったため、どう使えばいいのか悪戦苦闘することになりました。また、当時は英語のテキストしかなかったことも使いにくさに拍車をかけていました。

しかし、1年ほど使っているうちに、あらゆるマーケティング活動の「雛型」がこのツールには収められていることが理解できるようになっていきました。

それまでは、どの企業もマーケティングは手探り状態でした。お手本となる「型」がなかったため、勘と経験の世界になっていたのです。ところが、マーケティングオートメーションというツールが日本に入ってきたことで、型にのっとって理解をすれば、ある程度はマーケティングを実装できる状態になったのです。

私たちは、暗中模索しながらマーケティングオートメーションを理解しようとしました。それには、たいへんな苦闘がともないました。この時期こそが、私たちにとっての「地下1階からのスタート」時代です。まるで、エレベーターのない薄暗いビルを、案内板もないまま、重い荷物をもって階段を一歩一歩上るような気分でした。

もちろん、苦労は決して悪いことではありません。苦労して手に入れた本質が、その人や企業の血肉となるのはまちがいないからです。

しかし、マーケティングの本質を理解するには、できるだけ平易に、できるだけ気楽にできたほうが効率的であり効果的です。好き好んで苦労を味わう必要はありません。

先述した「地下からの出発ではなく、地上10階からスタートしてほしい」という想いは、私の当時の経験からきています。いたずらに苦労を味わうことなく、効率的にマーケティングの本質を習得して、成長につなげていただきたいというのが、私が本書に込めた願いにほかなりません。

本書は、第1章から順に読み進めていくことで、ＢｔｏＢマーケティングの本質（＝型）が学べるように構成しています。武道や舞踊の「型」を習うように、基礎から応用へと順を追って読み進めることで、明日からビジネスの現場で使える知見を手にすることができるはずです。そうやって、ひとつの「型」を学び終えるたびに、ひとつの「階」が制覇できたと考えれば、読後にはきっと10階に立っていることができるでしょう。

そこから、さらに上り詰めて、マーケティングを極めることができるかどうかはあなた次第です。本書をきっかけに、マーケティングの世界に足を踏み入れる人が少しでも増えたなら、私にとっては望外の喜びにほかなりません。

２０２３年６月

ワンマーケティング株式会社　代表取締役　垣内良太

第1章

1階

BtoBビジネスの現在地を知る

BtoB営業がおかれている現状

2020年初頭から全世界に広まった新型コロナウイルスの影響で、営業の現場は激変しました。

それまでは、顧客のところに何気なく顔をだす営業が許されていましたが、そうはいかなくなったのです。かつて営業を経験したことのある私の感覚では、担当者にアポイントさえいれてしまえば、それ以外の部署へも、用もないのに立ち寄ることが許されていました。そんなときに限って「垣内くん、ちょうどいいときにきてくれたね」といったように、偶然のタイミングを引き当てられることは少なくありませんでした。

ところが、いまは明確なアポイントがないと会うことができません。むしろ、先方から「むやみにきてくれるな」といわれることが常識となっています。

さらに、直接顔を合わせる営業ではなく、リモートでの打ち合わせが増加してきました。開始時間と終了時間をきちんと決め、その日の面談趣旨を伝えたうえで臨まなければなりません。雑談をしながら情報収集をする機会は、ほぼなくなったといっていいでしょう。これまでのように、顧客と仲良くなる機会が減ってきているのです。

これは、従来の営業手法ならば致命的です。

リモートで顧客から「ここだけの話」とか「裏情報」などをききだすのは至難のわざです。しかも、自宅勤務によるプライバシー保護のために、画面をオフにして顔をみせない顧客も多くなっています。そのため、顧客の表情から「なにか」を読み取ることができません。営業の心情としては「オンにしてよ」といいたくなりますが、もちろん強制はできません。

また、画面をオフにしたまま「内職」をする人が多いのも事実です。こちらのいうことを、きいているのかきいていないのかもわからなければ、顧客と懇意になった感覚など得られるはずがないでしょう。

このような環境下におかれているのが、2020年以降のBtoB営業なのです。

では、コロナが収まればこのような状況が解消され、以前の状態に戻るのでしょうか。

私は、その考えには否定的です。多くの人がリモート会議の便利さに気づいたいまでは、完全に後戻りすることは想像できないでしょう。

さらに、情報保護意識の高まりによるセキュリティの強化が、営業を社内に招きいれる手続きを煩雑にしています。顧客からすると、ふらりとやってくる営業を招きいれるのは「面倒だ」という認識ができつつあるのです。すなわち、リアルである必要性がない限り、このような営業環境は変わらないのではないでしょうか。

激増するデジタルによるマーケティング接点

このような状況下で、営業はどのように顧客と良好なコミュニケーションを構築していけばいいのでしょうか。

これまでは、地域ごとにローラーをかけて営業をする人も多かったと思います。多くの営業がおこなう、いわゆる「ルート営業」です。すべての顧客にアポイントをいれるのはほぼ不可能なので、柱となる顧客だけにアポイントはいれ、そのほかの顧客へはふらっと立ち寄るかたちをとることになります。これが容易にできなくなってきたのは先述したとおりですが、この営業に代わる手段として激増しているのが、ウェビナーやメールマガジンなどのデジタルによるマーケティングの接点です。

コロナ禍以前もウェビナーは開かれていました。当社もかつて何度かチャレンジしてきましたが、人を集めるのが最大のネックとなっていました。当時はまだ、リアルで話をききたいという要望のほうが多く、いわゆるセミナーのほうが活況を呈していたからです。

しかし、現在はウェビナーが主流となりつつあり、顧客側も情報収集の手段としてウェビナーを利用する人がかなり増えているのが実態です。

リアルのセミナーであれば、移動距離や時間的制限から近隣からしか人は集まりませんが、ウェビナーであれば地域性や時間の壁が取り払われ、全国から集めることが可能です。

しかし、問題がないわけではありません。

参加者の多くが、ウェビナーをラジオのような感覚できき流しているのです。もちろん本気できいている人もいるのですが、その手軽さから、参加意識の希薄化と、情報に対するありがたみの欠如が指摘されています。

メールマガジンも同様です。

さまざまな企業が手軽に発信できるメールマガジンを送るようになりましたが、結果として、顧客のもとには膨大な量のメールマガジンが届くようになりました。毎日大量に届くメールマガジンのなかから、顧客には自社のメールマガジンを選んでもらわなければなりません。必然的にその「質」が問われることになるため、あれこれと創意工夫をすることになるのですが、それが活かされているかというと結果はちがうようです。

顧客側は、配信停止の手続きをすることさえ時間のロスだと考えて、開封もせずにゴミ箱に直行させてしまうのです。

テクニックの向上と中身の希薄化

マーケティングコミュニケーションの「あるべき姿」からすると、現状でよくおこなわれているウェビナーやメールマガジンは、やり方も考え方もまちがっているように思えます。

「とにかくウェビナーをやりたい」「とにかくメールマガジンを送りたい」という想いばかりが先行してしまい、これまでのコミュニケーションをただデジタル化することで頭がいっぱいになっているように感じるのです。

ウェビナーの参加者は、リアルのセミナーより増えてきてはいますが、テーマや内容の希薄化が進み、参加者の期待に応えられなくなっています。たしかに、ウェビナーの演出やトークの技術は、数年前とくらべてはるかに向上してきました。テレビ番組や、ＹｏｕＴｕｂｅのコンテンツに引けを取らないほど進化しています。

ところが、それを質の向上と勘違いしている感が否めません。とりあえずうまく演出をすればいいだろうという意図が透けてみえるのです。

このような状況を変えていくためにも、ＢｔｏＢマーケティングの本質を正しく学ぶ必要があります。

ブラックボックス化するＢｔｏＢ

ＢｔｏＣの場合「買うか、買わないか」はひとりの顧客の判断で完結するケースがほとんどです。

しかしＢｔｏＢは、製品やサービスの購買を決めるまでに複雑な段階を要するビジネスモデルです。販売代理店が間にはいるケースなどもあり、購買にはさまざまな関与者がいるという点がＢｔｏＢのおおきな特徴になります。

さまざまな人が関与するということは、それぞれの思惑がはいってくることになります。したがって、製品やサービスがそれぞれの思惑を解決し、顧客となる企業に「購買はよい判断」だと認めてもらうことが重要になります。

2021年に当社が実施したBtoBにかんする購買調査では、購買金額が多くなればなるほど人のかかわりが増えるという結果が得られました。調査によると、1000万円を超える購買金額の場合は、平均9人を超える人がかかわってきます。これは、金額によって決裁者が増える仕組みをもつ企業が多いため、当たり前といえば当たり前の結果だといえるでしょう。

この当たり前とされる傾向こそ、マーケティング担当者は理解しなければなりません。かかわりをもつ人たちの、それぞれの立場や役職によって思惑は変わってきます。そのため、かかわる人が多ければ多いほど、さまざまな立場や役職の人にもヒットする、多様で有益な解決策をもっていなければならないことになります。

多様で有益な解決策がなければ売れないという点が、BtoB営業の最大のむずかしさといってもいいでしょう。

マネジャーには結果しかみえていない

しかし、ひとたび契約にいたれば、長期にわたって購買を継続してもらえるケースが多いのもＢｔｏＢの特徴です。

多様で有益な解決策だと人が判断し、そう判断した人たちとのかかわりが多岐にわたるため、人（自社の営業）と人（顧客の関係者）とのつながりが強くなる傾向があるビジネスなのだといえます。

一方で、きわめて「ブラックボックス化」しやすいのもＢｔｏＢの特徴です。

どこでどうなっているのかわからないけれど「なぜか売れるトップ営業が存在する」のは、おおきな会社であってもちいさな会社であっても必ず起こり得る現象です。

営業主導型で顧客にアプローチした結果、獲得できた「顧客組織における関係者情報」は、主導した営業が秘密にしてしまうことが少なくありません。営業としては、自分自身の成果をあげたいと考えるので、情報をほかの営業と共有することなく、できるだけ囲い込んでしまう習性があるのです。

また、案件管理においても、脈のある案件しか報告をしない傾向が営業にはみられます。脈がまだ細い案件を報告したところで、その案件を失注した場合には、上司から叱責されるのがオチだからです。そのようなリスクを犯してまで、だれが情報を共有しようとするでしょうか。

つまり、各人の営業活動において、マネジャーは結果しかみえていないことになります。このような旧態依然とした営業現場では、なかなか情報を共有する文化は生まれません。このＢｔｏＢにおける営業のブラックボックス化は、おおきな課題として存在しています。

引き合いベースの売り上げ構造

また、こうした「結果論によるマネジメントスタイル」に加え「引き合いベースの売り上げ構造」になっていることも、ブラックボックス化に拍車をかけています。

大手企業や大手製造業では、わざわざ新規営業を仕掛けなくても、引き合いで案件が成約できる傾向があります。おおきなミスでもしない限り、売り上げ目標は達成できるのです。

たとえば「全社をあげて新規顧客を獲得する」と中期経営計画に掲げたとしても、営業からしてみれば、既存顧客で売り上げ目標を達成できているので、新規開拓に対するモチベーションは高まりません。会社が目指している方向と、ひとりの営業が目指している方向が、おおきくずれてしまっているのです。

もちろん、引き合いベースの売り上げ構造で会社が継続的に成長してくれるのであれば問題ありません。ところが、そういうわけにはいかないのです。万が一、引き合いベースで売り上げに大量貢献してくれている企業のうちの1社が、業績不振により取引停止になったりしたら、会社全体の売り上げはどうなるでしょうか。

通常の企業であれば、たいていは「20：80の法則」がはたらいています。上位2割の取り引き先で、売り上げの8割をまかなっているのです。上位2割の売り上げにふくまれている1社との契約がなくなることがあれば、会社が生きるか死ぬかの大騒ぎになるはずです。

人と人とのつながりに依存する営業主導型や、引き合いベースの売り上げ構造では、企業が成長する余地は見出せないのです。旧態依然としたブラックボックス化から脱却しなければ「道はない」という結論しか導きだせないでしょう。

BtoB営業は疲弊している

時流がこの先どう変わっていくか、予測ができない時代です。円安や物価高騰、人とモノの不足などによって、ビジネス環境はどんどん様変わりしてきています。

「仕入れ値があがったので、申し訳ありませんが値上げ交渉をさせてください」

「申し訳ございません。モノがいまなく、半年ほどおまちいただけませんか」

顧客にこうした報告をするのも、現状では営業の役割になっています。

しかし、営業とは本来、既存顧客から情報を引き出して新しい案件を創造したり、新規顧客を開拓して新たな受注を創造したりする仕事です。営業の本来の役割はそこにあると、私は思っています。

ところが、現在の営業は、営業本来の仕事とはかなり遠い状況におかれているのではないでしょうか。創造的な営業以外のさまざまな顧客対応で、疲弊しているのが現実なのです。

「新規顧客と既存顧客と、どちらが大事なのか？」

その答えは、もちろん「どちらも大事」です。

しかし「新規顧客を獲得せよと会社はいうが、安定的に既存顧客を伸ばしていくことも大事なはずではないか」と、営業の頭のなかはモヤモヤとしています。

既存顧客なくしてベースとなる売り上げは成り立たないと営業は考えますが、その一方で、新規顧客なくして未来の売り上げはつくれないと考えるのが会社の立場です。

この問題は本来「新規顧客の開拓か」「既存顧客の売り伸ばしか」という、二者択一で解決する問題ではありません。しかし、人のリソースがあまりにも足りていないことが、これを二者択一の問題であるかのように矮小化してしまっているのです。

このような状況を続けていけば、ジリ貧になるのは火をみるよりも明らかです。

情報収集は営業ではなくデジタルに

「コロナ禍によって雑談ベースの情報交換ができない」

「新規顧客にチャレンジするリソースがない」

といった営業側の課題は、そっくりそのまま、顧客である買い手側にとっても課題となっています。現在買い手側は、営業から最新の情報を得ることがむずかしい環境にあるのです。


このような環境下では、顧客はどこから情報収集をしようとするでしょうか。

従来は営業がもたらしていたはずの情報の代替になっているのは、デジタルの活用なのはまちがいがないでしょう。

デジタルの活用はいまにはじまったものではありませんが、コロナ禍をうけてますます活用頻度を高めている企業は増えています。実際に、当社のウェブサイトの閲覧者数も、コロナ禍を機に急増してきました。人からきけなくなったのであれば、ウェブにきこうという考え方に変わり、情報収集の手段がおおきく変化しているのです。

このような状況では、デジタルで情報を発信している会社が強くなるのは当然です。反対に、デジタル発信が不得意な会社は、もはや凋落傾向にあるといえるでしょう。

当社は、2013年からデジタルコンテンツを供給していたため、供給量が比較的多く、現在はそれがおおきなアドバンテージになりました。

最新情報をデジタルで求めている人が増えたのであれば、最新情報をデジタルで供給しなければ相手には届きません。その意味でも、営業主導だけではもはや新規の顧客創造はむずかしい時代になっているのです。

BtoBマーケティングをやらない理由はない

そもそも、会社の購買活動とはどのような流れで進むのでしょうか。

2021年に当社が調査したところ、BtoBにおける購買時の「検討企業の数」は、平均3.8社という数字でした。つまり、会社がBtoBで購買を検討するときは、1社の単独指名で決まることがほとんどなく、3~4社から検討するということを意味します。何社かに声をかけて比較をしてから購買を決定するのがBtoBの特徴なのです。

3.8社というのは平均ですが、購入金額がおおきくなればなるほど、検討対象の企業数は増える傾向にあります。つまり、顧客の購買活動の初期段階に、少なくともこの3.8社のなかにノミネートされる必要があるということです。

ノミネートされなければ商売につながらないのであれば、ノミネートされるための努力をするべきです。

デジタルを活用している顧客が増えたのならば、売るほうもデジタルを活用して情報を提供していく必要があるのは当然のことです。まずは、3．8社に選ばれることを目指して、デジタルでノミネートへの道筋をつけてから、見込客として営業に引き渡すことが重要となってきます。それこそが、ＢｔｏＢにおいて、マーケティングに求められる最大の役割なのです。

また、ＢｔｏＢマーケティングには、さまざまな利点が期待できます。

利点の一つ目は「逼迫した営業リソースの最適化」です。

先述したように、リソースが逼迫しているなかで、新規顧客をゼロベースからつくってこいと営業に命じるのは現実的ではありません。そこで、新規顧客獲得をマーケティングが肩代わりすることで、営業のリソースを最適化できるはずです。

二つ目は「未知の顧客から自社を発見してもらう仕組み」をつくれることです。

営業は、新規顧客にせよ既存顧客にせよ、既知の状態からスタートします。ある意味では、非常にせまい世界をまわっていると考えていいでしょう。

ところが、ＢｔｏＢマーケティングを実施すると、営業が把握していなかったまったく知らない顧客が、向こうから自社をみつけてくれる可能性が生まれます。顧客が無限に広がっていく世界がそこにはあるのです。

三つ目は「情報の格差の是正と全体力の底上げ」です。

これまでは、情報供給力が各人の能力によって変動するのが営業の世界でした。営業によって、得意分野の情報は強く、そうでない分野は弱い情報しか顧客に提供できなかったのです。

しかし、マーケティングによる情報供給は、個人ではなく会社全体としておこなうものになります。個の力に頼っていたために生じていた情報力の格差を、是正することが可能となるのです。個人の得意、不得意に関係なく、顧客に対してある一定レベルの情報を供給することができるようになるので、会社としての全体力の底上げを可能にするのです。

ＢｔｏＢマーケティングの導入は、疲弊する営業にとって、きわめておおきいメリットになります。ＢｔｏＢ企業は基本的に営業組織をかかえているはずですから、ＢｔｏＢマーケティングをやらない理由をみつけるほうがむずかしいと私は考えます。

第2章

2階

BtoBマーケティングの基本中の基本

顧客・自社・競合への理解を深める

実際にどのようにしてＢｔｏＢマーケティングがおこなわれるのかをみていきましょう。

そもそも、みなさんは「顧客」「自社」「競合」のことを、しっかりと把握しているでしょうか。これらを知らなくては、マーケティングの効果は期待できません。この点について、当社のケースを例にして紹介したいと思います。

当社が印刷業界に位置づけられていた当時、私自身が「顧客がなにに悩んでいるのか」「競合はどこになるのか」などについて、よくわかっていませんでした。

仮に「競合は印刷業界に所属する会社である」という枠組みで考えるとすれば、大日本印刷や凸版印刷のような大手企業から、従業員10～20人程度の零細企業までふくめると、その数は全国に1万数千社あるともいわれています。

つまり、業界という単位でくくると、1万数千社の競合があるということになります。そのような状態なので、よく顧客には「印刷会社さんは、石を投げれば当たるぐらい多いからな」といわれました。

たしかにそれは事実で、私が営業で飛び込んだ先で商談をおこなっている最中に、そうと知らずにべつの印刷会社の営業が飛び込んできたことがあるほどです。

印刷会社はそれほど多いのですが、しかし、それらがすべて競合になるのでしょうか。

そもそも、すべての顧客が業界でトップといわれる大日本印刷や凸版印刷などの大企業と取り引きしたいと思っているわけではありません。「案外ちいさな会社のほうが、小回りが利くし納期に融通が利く」といった理由で印刷会社を選ぶ顧客は多くいました。実際に、当社がある受注を大日本印刷と競争して勝ち取ったこともありました。そのような不思議な業界が印刷業界なのです。

戦う場所はどこなのか、なんのために戦うのか

父の会社に入社した当時、私は顧客についてもまったく把握できていませんでした。「印刷会社なのだから、印刷物を使うところに需要があるだろう」としかみえていなかったのです。

いま考えると、私には「戦う場所がどこか」「なんのために戦うのか」がわかっていなかったのだといえます。「印刷業界にいるのだから、印刷市場が戦場である」「印刷の受注が戦果である」と思い込んでいたのです。しかし実際は「顧客の悩みがあるところが戦場」であり「顧客の悩みの解決こそが戦果」であることが理解できていませんでした。

戦場となるのはどこか
顧客が求めているものはなにか
戦場にはどんな競合がいるのか

まずは、このような三つの要素を知ることが「ターゲットを定める」ということにつながります。ほかの章でも後述しますが、ターゲットを定めることはＢｔｏＢマーケティングにとってきわめて重要なことなのです。

顧客を知るということ

「ターゲットを定める」うえでＢｔｏＢマーケティングが目指すのは、顧客の課題を知り、その課題を解決へと導くことです。

このとき、多くの人は性急に課題解決の方法へ目を向けてしまいますが、まずはターゲットの課題を正確に把握しなければ、本当の解決は得られません。

当社では、日常の業務の一環として「ターゲットがかかえる課題」についてプレゼンをおこないますが、このとき先方の担当者から「それってまさにウチのことをいってますよね」「ウチの課題がなんでわかってるんですか?」などといわれることがあります。この言葉がいただけるということは、ターゲットの課題に対して当社が理解できているという証だといえるでしょう。

この状態を目指すのが、BtoBマーケティングでは非常に重要になります。

なぜなら、顧客となる企業側が自分たちの課題に気づけば、それを解決するための方法を手にいれようとする動機がはたらき、そのために必要となる製品やサービスの購買に発展するからです。

課題が発見できなかった時点で、あるいはみつけた課題が共感されなかった時点で、販売活動は暗礁に乗りあげてしまうことを理解しなければなりません。そう考えると、ターゲットの課題を探り当てる作業がきわめて重要になることがわかるはずです。

ターゲットの課題を掘りさげるために

ターゲットの課題を掘りさげるためには、顧客にかかわる次のような項目に着目する必要があります。

どのような職務に取り組んでいるのか
どのようなミッションをかかえているのか
どのような悩みや痛みをもっているのか

これを、当社の例でみてみましょう。

当社が印刷業に専従していたころ、社内にはシール印刷の機械がありました。シール印刷は非常にニッチな世界で、案件の一つひとつはちいさなものです。ひとつの案件が1万円ぐらいにしかならないことも多く、おおきな案件でも数十万円程度にしかなりません。このちいさな案件を、営業が1日10件ほどの顧客に当たって取ってくるという、あまり効率的とはいえないスタイルが一般的でした。

当社のシール印刷の顧客のほとんどは、実際にシールを使うエンドユーザーではなく、シール印刷機をもたない印刷会社でした。エンドユーザーは日頃から付き合いのある印刷会社に発注し、受注した印刷会社はシール印刷ができないので、当社のような会社に外部委託することになります。

そうなると、印刷費用にマージンが乗るので価格は高くなるし、シールにかんする知識が少ないために、よい提案ができていないようでした。結果的に、適正ではない価格、求めていた品質とは異なる品物でエンドユーザーは購入をすることになります。

「自社製品をアピールするオリジナルシールを、少量で安く印刷したい」と考えるエンドユーザーのニーズをひしひしと感じていたので、当社は「繁盛シール工房」というウェブサイトを2003年に立ち上げました。2003年の段階では、インターネットでシール印刷を受け付けている会社はほとんどありませんでした。注文は次から次へと舞い込み、年商は最大5000万円まで増加しました。

注文を取るために営業が動けば、顧客との交渉のなかで、値下げ交渉が発生することがあります。ところが、インターネット販売では、値下げ交渉はいっさいなく、しかも掛け売りではなく現金商売が基本のため、当社にとっては資金繰り面でもプラスになります。

エンドユーザーからすれば、価格を安く抑えられて、さらにシール印刷の現場とメールで直接やりとりができるので、細かな印刷技術について専門的なアドバイスもうけられます。これらがおおきなメリットになったため、ビジネスとして成立したのです。

職務：広報宣伝

ミッション：製品アピールのシールをつくる

悩みや痛み：小ロットで求めているシールを安くつくれない

このような掘りさげから、繁盛シール工房が立ち上がり、当社は顧客の課題の解決に結びつけることができたのでした。

競合を知り、自社を知る

顧客を知り、顧客がかかえる課題を知ることができたら、次はその課題に対して、自社が提供する製品やサービスで解決を目指すことになります。

自社と同様の（あるいは代替できる）製品やサービスを提供している会社があった場合、それが競合です。

当然ですが、競合が存在すれば、ビジネスの機会を奪われることがあります。

では、競合は存在しないほうがいいのでしょうか。

必ずしもそうとは限りません。競合がいなければ、顧客は比較検討ができなくなるため、購入の決断に悩むことになります。ＢｔｏＢでは、この点もまたポイントなのです。

もちろん、唯一無二の製品やサービスが、問題解決のために絶対に必要であるという状況であれば、顧客はそれを選ぶことになるでしょう。しかし、ＢｔｏＢの世界では「比較の結果」が意思決定の材料になることが多く、唯一無二の製品やサービスしかない状態では「このサービスしかないのか？　ほかの会社が取り組んでいないのに、ウチがやる必要があるのか」といった思考回路に陥る場合があるのです。

競合が少なければ少ないなりに問題はあるのです。それは「市場の成熟度」にもかかわってきます。

競合の量と市場の成熟度

「イノベーター理論」（図1）は、新しい製品やサービスの、マーケットへの普及率を表したものです。イノベーターやアーリーアダプターの段階では、新しい製品やサービスを採用する人はそれほど多くはありません。採用してくれる顧客はいることはいるのですが、この段階では市場を広げるのが非常に困難です。

これはジェフリー・ムーアが『キャズム』という本に書いたように、イノベーターとアーリーアダプターで構成される「初期市場」と、アーリーマジョリティとレイトマジョリティとラガードで構成される「メインストリーム」の間に、いわゆる「キャズム」とよばれる溝があるからです。

競合が少なければ市場の成熟度に難があり、競合ができてはじめて市場が成熟す

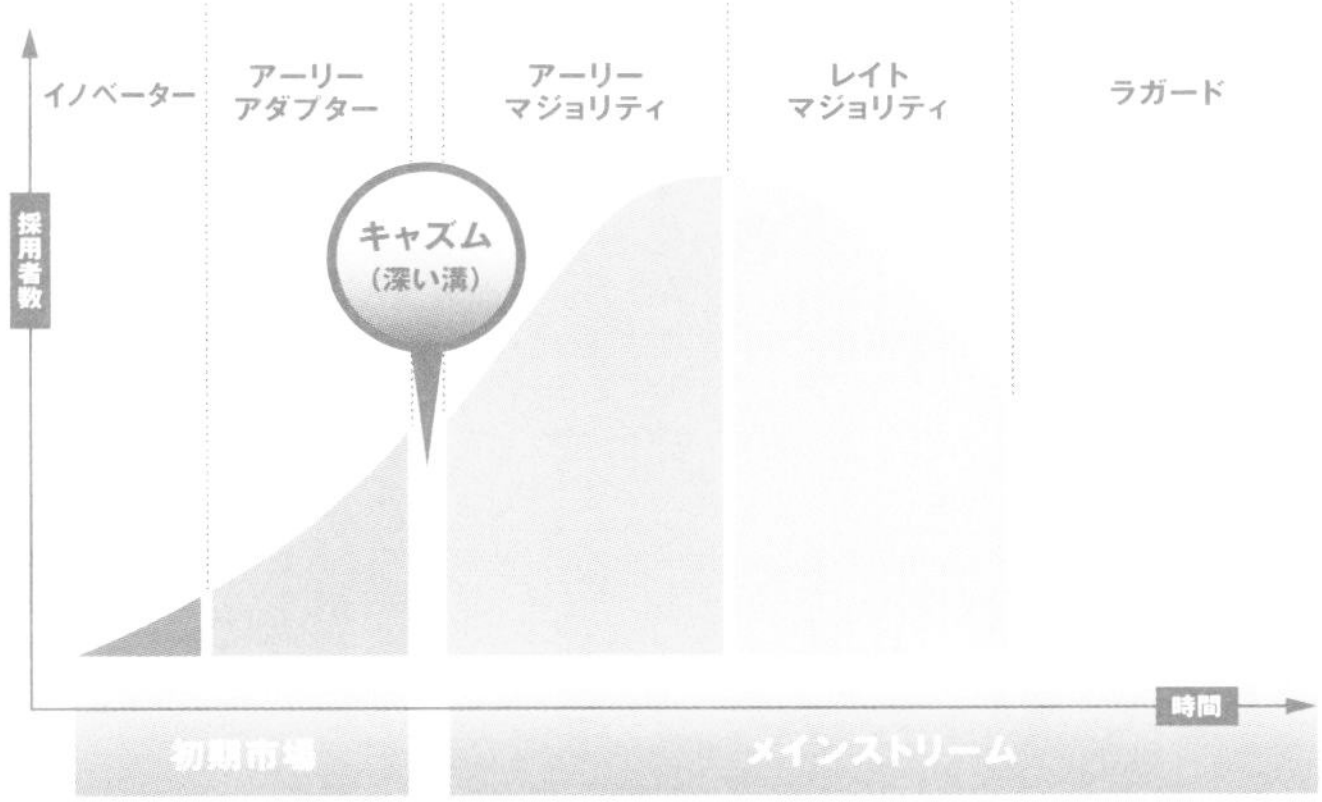

【図1. イノベーター理論】

るということが、イノベーター理論では明らかにされています。

「はじめに」で紹介した福田康隆氏が表明した「マーケティングの世界にエコシステムをつくりたい」という考えは、マーケティングオートメーションを市場に投下するには、そこに関連するプレーヤーをつくらなければならない、という考えに根差しています。

私がこの考えに共感したのは、当時はマーケティングという市場が非常にちいさかったからです。

関連するプレーヤーが増えれば、そのプレーヤー同士は競合になるかもしれません。しかし、ＢｔｏＢマーケティングがひとつの市場として構築され、ますます競合が生まれれば、そこに関連する人たちはエコシステムに組み込まれ、やがて儲かる環境が出来上がります。そこに参入したがる人が増えることで、さらに市場がおおきくなっていくという発想です。

そういう世界観をつくりあげたいというのが、おそらく福田氏の発想の背景だと思います。

このことについては、私もＢｔｏＢマーケティングに取り組むなかでひしひしと感じてきました。実際、プレーヤーが少しずつ増えてきているのを目の当たりにもしています。競合ができてはじめて、顧客は比較検討がしやすくなり、購入もしやすくなる。顧客の動きによって、さらにプレーヤーの増加に拍車がかかる、というサイクルにはいっているのです。

競合を知ることは、自社を知ることにつながる

先ほど、ＢｔｏＢにおける購買時の検討企業の数は平均３.８社だったと紹介しました。ということは、競合という点からみると、３.８社に満たない状況ではビジネスはむずかしくなるともいえます。つまり、競合あってこそ市場は成り立つと考えられるのです。

自社にとってライバルとなる競合がみつかった場合は、徹底的に調べる必要があります。どのような攻め方をすれば勝てるかを探すためには、吟味する要素を集めなければならないからです。相手のもっている武器がわからないようでは、勝負にはならないのです。

競合の強みと弱み
競合の製品やサービスの性能
競合が提供できる製品やサービス
競合が提供できない製品やサービス

競合におけるこれらの要素をみていくのですが、この調査の過程は、自社についてより深く知ることにもつながります。

競合に勝つには、自社とのちがいを見出す必要があるので、鏡合わせのように「自社の強みと弱み」「自社の製品やサービスの性能」「自社が提供できる製品やサービス」「自社が提供できない製品やサービス」をみていくことになるのです。

自社と競合のちがいにおいて、勝てるポイントはどこか、負けているポイントはどこか、負けているポイントを逆転するにはなにが必要かを、考えることになるでしょう。

また、勝てるポイントが明確に浮き彫りになったからといって、安心してはいけません。そのポイントが本当に顧客の課題にフィットし、価値があるかどうかを知ることはさらに重要です。

自社が勝っているポイントをみつけると、どうしても独りよがりになってしまいがちです。競合にくらべて強みがあるといっても、顧客がそれを求めていなければ意味はありません。競合を知ることは、自社を知ることに通じていて、その目的は結局のところ顧客を知ることにつながっていなければならないのです。

ターゲットを検討する

本書の読者の多くは、すでに製品やサービスを販売している仕事に就いていると思います。ＢｔｏＢの場合は、マーケターがゼロベースから製品やサービスの企画を立ち上げることはあまりありませんので、既存の製品をさらに売り伸ばしていく、あるいは新製品をどうやって売っていくかを考えるのが、仕事の中心となっていることでしょう。

とくに製造業は、技術視点でつくられたプロダクトアウトが中心で、それをマーケットにフィットさせなければならないケースがかなりあります。そのたいへんな作業を確実に遂行するためには、まずはその製品やサービスの調査からはじめ、その製品やサービスのターゲットの再確認が必要になります。

ところが現実は、意外とそれができていないことが多いのです。BtoBをはじめようというときに、自社が提供している製品やサービスをおおまかにはわかっていても、一つひとつの製品やサービスごとにまで落とし込んでみているかというと、実行できていないのが実情です。

一つひとつの製品やサービスには、それぞれの市場というものがあります。そこには十分な数の顧客がいるのか、いるとすればどのような顧客なのか、競合となるのはどこか、代替品の提供先はあるのか、すべての製品やサービスについて、それぞれターゲットの見極めが重要になってくるのです。

一方で、すべての製品やサービスのターゲットの検討は、その行為自体がリソースを消費することになるため、場合によっては選択と集中が必要になります。選択と集中を効率的かつ効果的におこなうためにも、それぞれの製品ごとに「ＳＷＯＴ分析」をする必要があります。

ＳＷＯＴ分析から現状把握へ

ＳＷＯＴ分析とは、事業や製品・サービスなどを強み（Ｓｔｒｅｎｇｔｈｓ）、弱み（Ｗｅａｋｎｅｓｓｅｓ）、機会（Ｏｐｐｏｒｔｕｎｉｔｉｅｓ）、脅威（Ｔｈｒｅａｔｓ）という4つの要素（P68 図2）をまずは考え、そしてそれらから組み合わせて、自社や外部の環境に対して打ち手を検討していくためのフレームワークです。

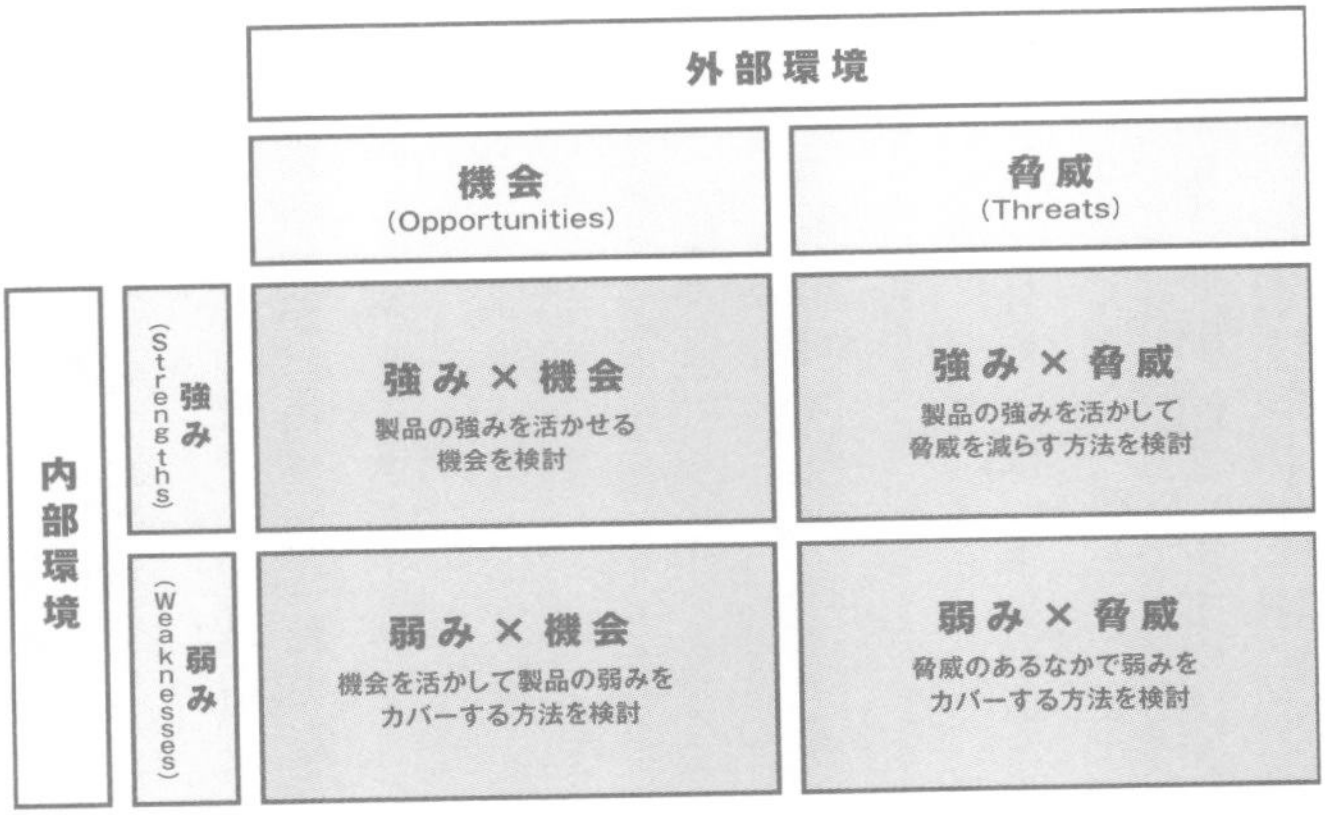

【図2.SWOT分析】

これをおこなうにあたっては、客観的な事実を徹底的にあげることが重要です。検討していくなかでは、どうしてもバイアスが発生してしまうので、きれいにまとめようとするのではなく「スッキリとした結論はだせなくても、可能な限り事実を漏れなく把握する」ことを主眼とします。

基本的には、ほとんどの会社ではリソース不足が一般的でしょう。人材が不足していて、各個人がめいっぱいストレッチしながら仕事をしているのが現状だと思います。だからこそ、どの製品やサービスで勝負するのか、選択と集中の精度が問われます。

SWOT分析によって勝てる製品やサービ

スが決定したら、次の作業は「現状把握」です。まずは、製品やサービスを利用している顧客が、どのような経緯で、どのようなニーズにもとづいてその製品やサービスを選択したのかを抽出します。もちろん、金額やスペックという比較しやすい材料もそのひとつかもしれませんが、裏側にある背景など、データ化できないところまで探っていきたいところです。

顧客にきき取りをするのがはやいのはまちがいないのですが、営業担当者が現場で感じたことをインタビューするだけでも、役立つ情報は得られるでしょう。

現状把握では、その製品やサービスが選ばれなかった理由も抽出します。なぜ他社が選ばれたのか、自社に足りなかったものはなんなのか、これらをしっかりと抽出できていないと、マーケティング担当者がコンテンツをつくったり、ターゲティングをしたりするのが困難になります。現状把握では、選ばれた理由、選ばれなかった理由の両方を知ることが必要なのです。

ファーモグラフィックスと関与者のペルソナの抽出

次のステップでは、顧客となる企業の「ファーモグラフィックス」と、顧客側担当者の「プロファイル」の抽出作業に移ります。ファーモグラフィックスとは、企業版のペルソナ（自社の製品やサービスを利用する、典型的な顧客企業像）のことです。

ＢｔｏＢでは、購買や契約の対象となるのは企業です。担当者は介在しますが、最終的な購買者・契約者は企業になります。顧客となる企業はどのような理念を掲げているのか、企業の規模、業種、かかえている課題やミッション、業界全体の課題の把握などを、洗いだしていく必要があります。

当社の場合は、ＢｔｏＢマーケティングを実行していくうえで、おもなターゲットとしている企業は売り上げ500億円以上と決めています。このような絞り込みをしていかないと、結局は無駄が生じてしまうことになります。

また、大企業に対するアプローチと、中小・零細企業に対するアプローチでは、コミュニケーションの手法がおおきく変わってくるのもターゲット設定の理由のひとつです。端的にいえば、中小・零細企業の場合は、経営者にアプローチしなければなにも決まりません。一方、大企業の場合は担当者にアプローチするのが一般的です。さらに、企業規模によって商慣習がちがうため、どういった企業が顧客になるのかについては吟味していく必要があります。

ただし、絞り込みは企業規模に限る必要はありません。売り上げ高、事業数、ミッションの内容など、自社の製品やサービスに合った要素を検討して、ターゲットとなる代表的な企業を2、3社抽出し、掘りさげることでその業界の特徴や共通する課題がみえてきます。

目指すのは、先述した「それってまさにウチのことをいってますよね」という反応を引き出すことです。

ファーモグラフィックスと並行して、ターゲット企業に勤務している担当者のプロファイルを抽出します。

ある程度の規模であれば、企業において、ひとりの社員が購買業務を専任しているとは考えにくく、いくつかのセクションが絡むのが一般的です。また、１００万円以上の購買の決裁は課長職以上、３００万円以上は部長職以上など、企業がなにかを購買するときは何段階かのステージがあり、それぞれのステージでべつの担当者が関係してくることになります。たとえば、３人が購買に関係するとしたら、３人それぞれの役職、職種、ミッション、課題などを抽出していきます。これがペルソナになっていくのです。

可視化したほうがわかりやすいので「関与者マップ」（図３）のようなものを作成し、購買にかかわるステークホルダーを浮き彫りにして、それぞれの関係性まで明らかにします。ステークホルダーが明らかになったら、次に、どこに注力し、どこにアプローチしなければならないかを検討していきます。

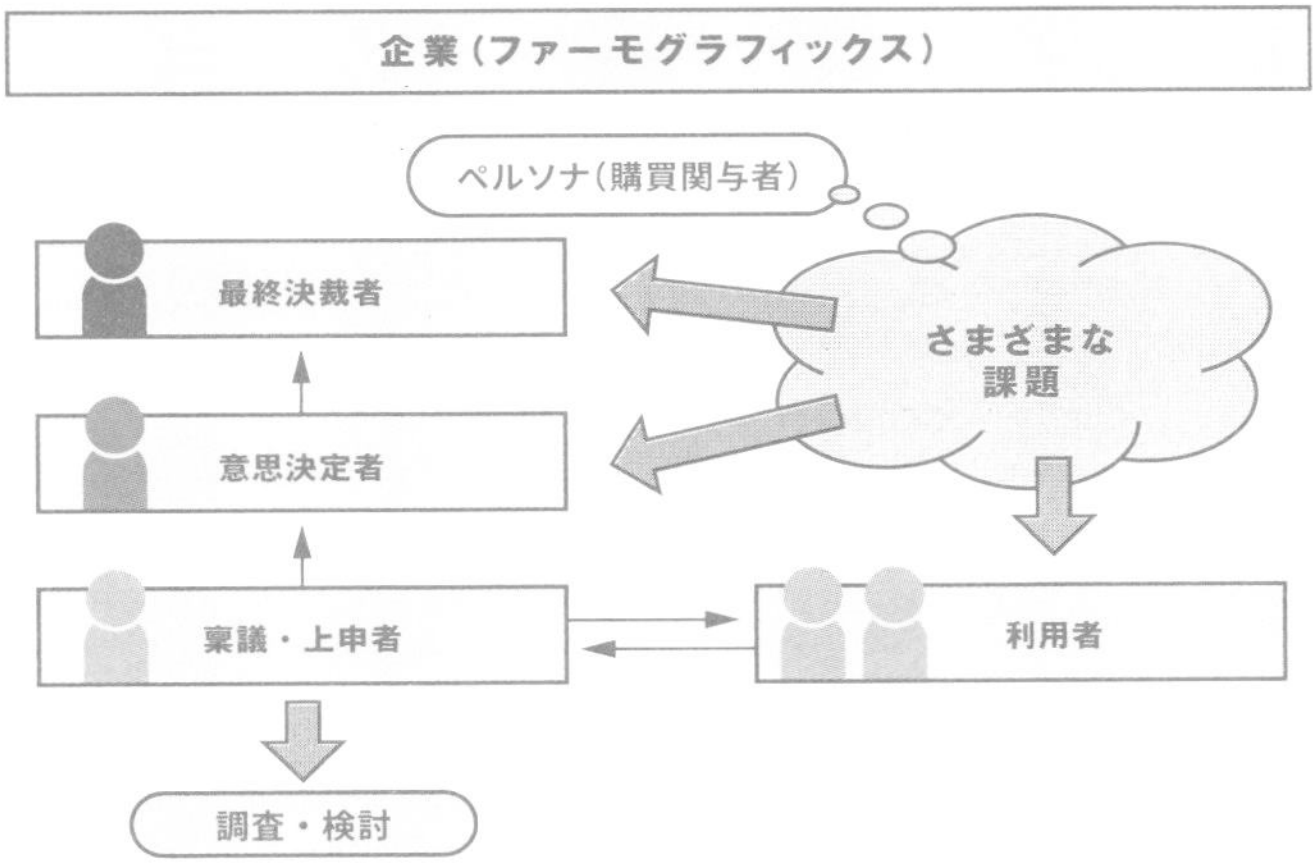

【図3. 関与者マップ】

ポイントは、企業のファーモグラフィックスと担当者のペルソナを同時に検討するところです。

顧客企業のニーズや理念はしっかりと把握できていても、担当者との良好な関係性を築けない場合がありますし、担当者とはとんとん拍子で話を進めることができても、決裁者が「自社には合わない」と判断する場合もあるのです。ファーモグラフィックスと関与者のペルソナの、両者の掛け合わせが必要だといえるでしょう。

フレームワークを使って考える

次のステップでは「バリュープロポジション」を考えていきます。バリュープロポジションとは、ごくかんたんにいうと「顧客のニーズに対して、自社にしかない価値や強みをフィットさせること」です。

注目すべきなのは、あくまでも「顧客にニーズがあること」をしっかりと認識することです。ニーズがない強みは強みといえませんし、価値にはつながりません。

バリュープロポジションを考えるうえで重要なのは「3C分析」です。3C分析とは「Customer（市場・顧客）」「Competitor（競合）」「Company（自社）」の三つの頭文字を取ったもので、次のような要素を分析していきます（図4）。

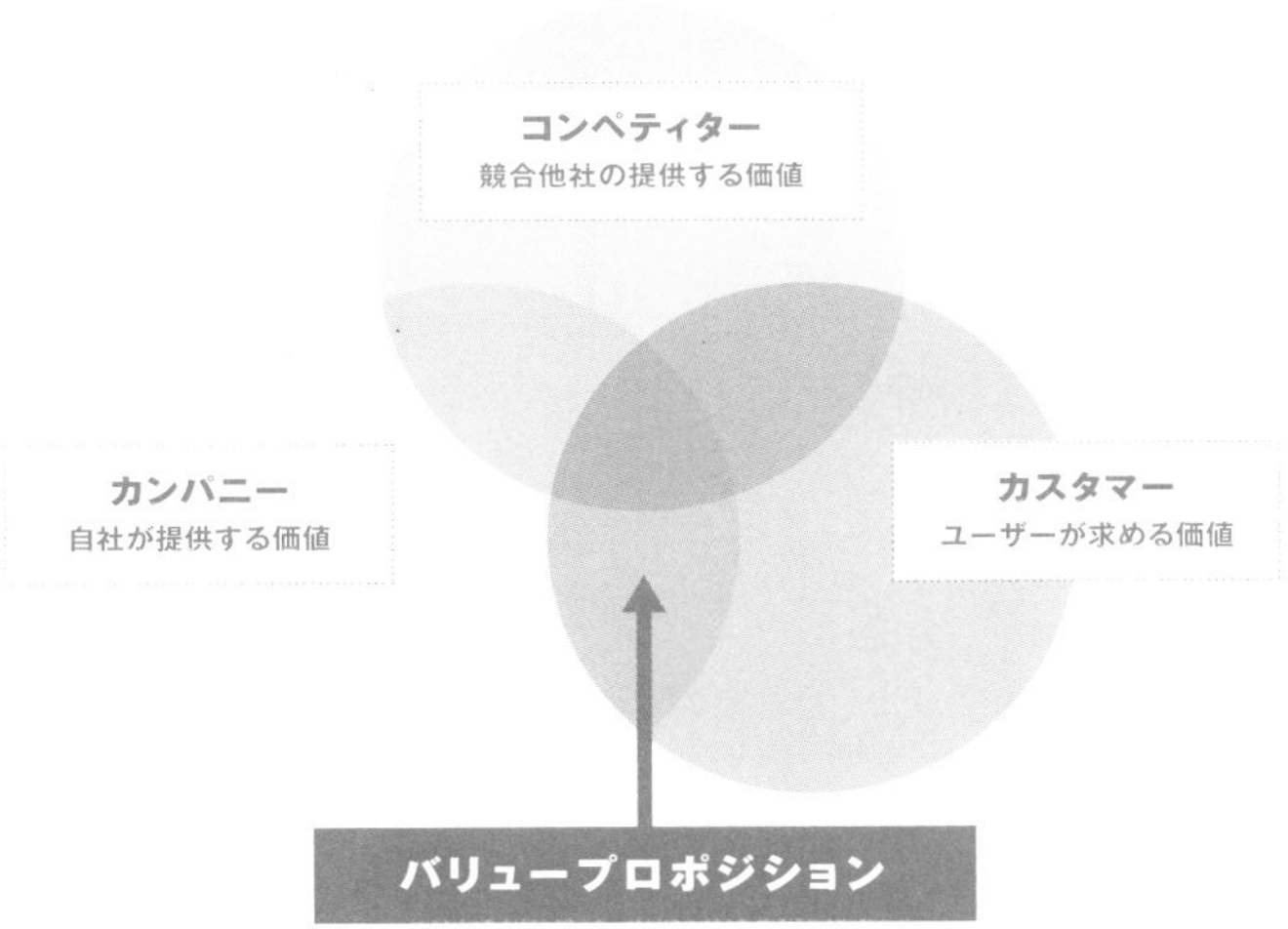

【図4. 3C分析とバリュープロポジション】

3C分析をおこなったあとは、バリュープロポジションキャンバス（P76 図5）を使うと考えがまとまりやすいと思います。バリュープロポジションキャンバスでは、3C分析の結果をみながら、顧客のニーズ、顧客の課題や問題点、顧客にとって「あるとうれしい」ことを書きだしていきます。

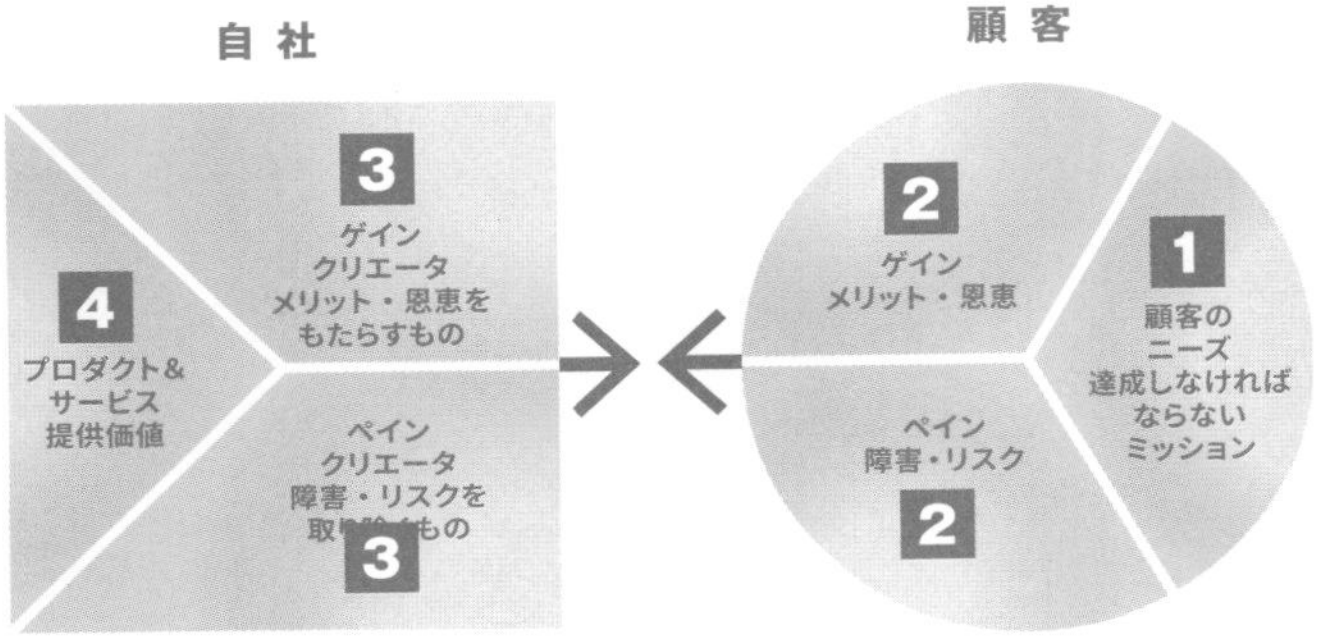

【図5. バリュープロポジションキャンバス】

左が自社、右が顧客です。

顧客のほうには、顧客が実施したいニーズが書いてあります。図にある「ゲイン」とは、顧客にとってあるとうれしいこと、実施したいことなどです。「ペイン」とは、顧客にとって嫌なこと、解決したい問題、喫緊の課題などです。

これらに対して、自社はどういう回答ができるのかを検討していきます。うれしいことを増やすためにはどうすればいいのか、嫌なことを減らすためにはなにができるのか、ニーズを満足させるためには提供できるものはなにかを考えます。

当社の事例を紹介しましょう。

顧客は「自社の営業環境を整備したい」というニーズをかかえています。連携がうまく取れないカオスな状態をなんとかしたいというニーズに対して、当社は「営業・マーケティングの仕組みをつくる」ことができます。これが、当社が提供できる価値になります。

バリュープロポジションキャンバスは、状況を分解、整理し、アイデアをだしていくフレームワークです（P78 図6）。これを活用するにあたっては、あくまでも、顧客側のミッションと、それを実現することで得られる満足や、それを阻む課題や問題点などからスタートします。自社の製品やサービスの強みから考えはじめてしまうと、それを活かそうとするバイアスがかかってしまいます。

バリュープロポジションキャンバスは「顧客のニーズが満たされる」流れであるべきなのです。ただし、そもそも右側にある顧客のニーズに、攻めるべき価値のあるボリュームがあるかどうかの判別も大事になります。顧客のニーズにフィットする製品やサービスが自社にあっても、商売にならないケースがあるため、その点もリサーチしていく必要があります。

【図6．バリュープロポジションキャンバスのフレームワーク例】

自社

プロフィット

- 営業・マーケティングの仕組みをつくる
- 自社に最適なTHE MODELの構築
- デジタルマーケティングのフルアウトソーシング
- デジタル人材育成支援と持続可能性
- デジタルマーケティングの定着育成づくり

ゲイン・クリエイター

- Pardot・Marketo・Hubspot 代表的なツール導入の知見
- MA/SFAを活用し営業とマーケの環境を整備できる
- 新たな人材育成と既存運用体制のハブになれる
- リードライフサイクルの構築

リスクと手間を省ける

ペインリリーバー

- 組織の一部として請け負うマーケBPO
- 運用、設定、制作もワンストップで対応可能
- マーケコンサルとツール導入をワンパッケージにしたフルアウトソース

→ ←

顧客

機能・感情

- マーケティング担当者の教育をお願いしたい
- 営業との連携がうまくとれていない
- MA・SFAを活用できていない
- マーケコンサルに加えてMA・SFAツールの知見があるとよい
- 営業・マーケティングの連携やMA/SFAの機能が不明瞭

ゲイン

- 責任を取りたくない
- 一括でお願いできないディレクションがたいへん

ペイン

- 現状のリソースだけでも逼迫している
- 退職者がでたため、マーケが稼働できない
- DXを推進していきたい
- 自社のマーケ・営業環境を整備したい

顧客のニーズ

- 分業体制を変えたい
- 縦割り組織を解消したい
- 営業リソースの最大化を図りたい
- マーケティング効果の見える化

極力リスクと手間を省きたい

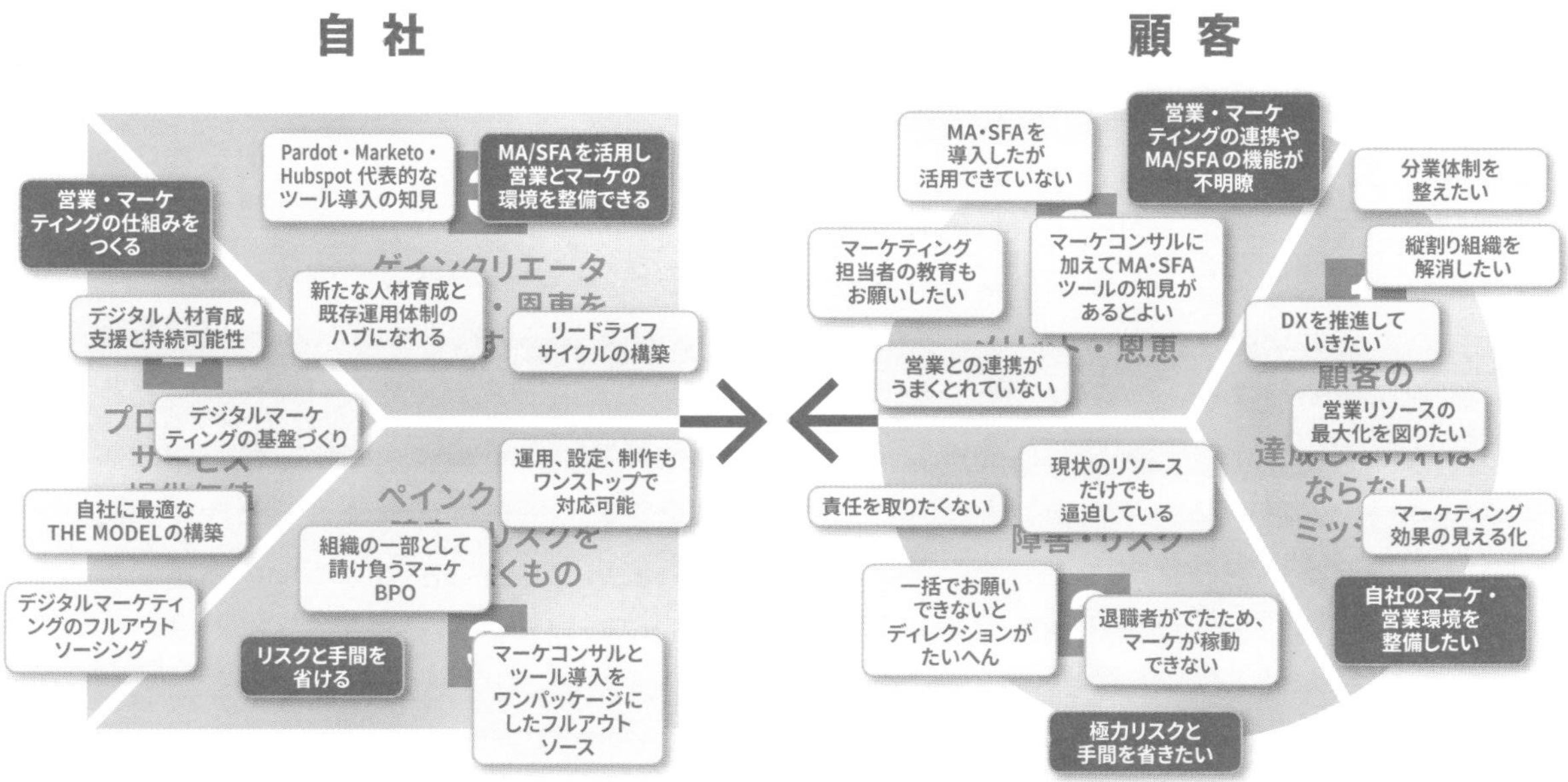

自社の強みをキャッチコピーに

バリュープロポジションは、自社の製品やサービスのポジショニングを決定づける「USP（Unique Selling Proposition）」を生みだす効果もあります。

顧客のニーズを分析し、それに応えようと検討することで、自社の強みが浮き彫りになっていきます。このUSPこそが自社の強みを伝えるキャッチコピーになります。

自社の最大の強みがみえてきたら、そのキャッチコピーをウェブサイトのメインビジュアルに使用することができます。そうすることで、ひと目で他社とのちがいがわかるようになり、顧客に「当社の課題に最適な解決策を提供してくれる価値ある会社」と印象づけることができます。

バリュープロポジションによるＵＳＰは、絶対に自信のあるメインが１本でもよいのですが、多くなればそれだけ可能性が広がります。また、多くなればカテゴライズして使いわけることもできるでしょう。

さらに、顧客にはさまざまなニーズがあるため、それぞれのニーズに合わせるかたちで自社の価値を使いわけることも可能です。ブランド軸、スペック軸、課題軸など、さまざまなバリュープロポジションを適宜使いわけていくとよいでしょう。

たとえば当社の場合は、「たんにマーケティングを支援する会社ではなく、営業・マーケティングの仕組みをつくる」という提供価値から「売り上げづくりの型をつくる会社」というバリュープロポジションを提案しています。それにより、当社にくる相談は、顧客のセールス・マーケティングの態勢や組織について、どうすれば、営業と連携することができるのか、どうすれば、売り上げに貢献することができるのか、デジタルを活用して営業・マーケティングを変革していきたい等の相談がくるようになりました。

ただし、バリュープロポジションによるＵＳＰは、相手に伝わらなければ意味がありません。直感的に理解されるためには、適切な言葉のセレクトでキャッチコピーをつくる必要があるのです。

ひとつの商材で勝負をしているＳａａＳ系の会社は、多くの場合バリュープロポジションの強みを伝えるＵＳＰがウェブサイトのヘッダー部分に強調されているケースが多いので、参考にするとよいでしょう。

バリュープロポジションで考えついたＵＳＰは、思いつきで浮かんだ言葉ではなく「御社がかかえている課題に対する解決方法を有した価値のあるサービスです」ということをしっかりと伝えるものになっているはずです。したがって、リスティング広告やウェブ広告のバナー、トップページのヘッダーやランディングページなど、さまざまな場面で活用することができます。高い効果が期待できることから、できるだけはやいタイミングでトライアルを重ねて、刺さるＵＳＰに磨いていくとよいでしょう。また、一度決めたＵＳＰはそれっきりにするのではなく、むしろ改善していき、磨いていくものであることを認識しておくべきでしょう。

競合や市場のトレンドは検索エンジンにきけ

ターゲティングとは、言葉のとおり選択と集中そのものです。選択と集中を誤ってしまうと、どれだけ懸命に考えた内容であっても、的外れとなってしまいます。時間と労力を無駄にしないためには、ターゲティングを慎重に検討しなければなりません。

では、どうすれば正しい選択と集中ができるのでしょうか。おおきなヒントになるのは、インターネットの検索エンジンにきくという方法です。

主要な検索エンジンでは、あるキーワードがネット上で「どれくらいのボリュームで存在するのか」「どれくらいの頻度で検索されているのか」などを容易に調べることができます。また、競合企業のサイトがネット上でどれくらいのパワーをもっているのかについても、調査できる便利なツールが存在します。
「顧客がかかえるニーズには、どれくらいの検索ボリュームがあるのか」を把握しておくと、ニーズに対する市場のおおきさを測ることも可能となります。そして、想像していたほど検索ボリュームが多くない場合は、マーケットがちいさく、ビジネスとして成立しにくい可能性があります。

キーワードの検索ボリュームが少ない状態では、ネット上で戦うことは徒労に等しいといえるでしょう。だからこそ、選択と集中を見極めるためには、事前の調査によって、キーワードにかんする市場がどれくらいあるのかを確認する必要があります。

バリュープロポジションのＵＳＰは検索ボリュームの多いキーワードと連動しているのが理想的です。そのキーワードに対して、リスティング広告などを打ってニーズの有無を確認し、トライ&エラーで繰り返しながら、磨きをかけていくことをおすすめします。

マーケティングは顧客との「約束」

マーケティングの根幹には、必ずターゲティングがあるといえます。

ターゲティングがまちがっていては、すべてのマーケティング活動の歯車に狂いが生じます。仮に、ターゲットではない顧客から強引に契約を取ってきてしまった場合は、当然ながら、顧客のニーズに対して自社の製品やサービスが最適解となりません。自社の製品やサービスを納品する部隊にとっても、顧客にとっても不幸な結果にしかならないのです。

ターゲットの見誤りは、時間の無駄であり、お金の無駄であり、なによりも顧客の不満を募らせることになるので、市場における自社の評価の低下につながることになってしまいます。

そのような事態を避けるためにも、正確なターゲティングが必要なのです。

ターゲティングというと「狙い撃ち」というイメージをもっている人がいますが、それはちがいます。マーケティングとは、ターゲットに対して「約束」を提案する行為です。自社が自信をもって提供できる製品やサービスがあるという約束に対して、共感してくれる見込客こそがターゲットであり、そのターゲットとつながりを結ぶ——そのような一連の流れがマーケティングだといえるのです。

バリュープロポジションを最優先で考える

バリュープロポジションは、年に一度は更新することをおすすめします。

時代とともに顧客のニーズは様変わりをするので、3年前は刺さっていた価値が、いまではまったく刺さらなくなることもめずらしくありません。また、競合も年月とともに成長するので、かつては後ろを走っていたライバルが、すぐ横を並走していても不思議はないのです。顧客のニーズに追いつくためにも、競合に追い抜かれないためにも、定期的なバリュープロポジションの更新が必要だといえるでしょう。

私がバリュープロポジションを強くすすめるのは、多くの企業がそれを検討することさえできていないからです。その原因は、能力の問題などではなく、検討すること自体を放棄しているところが多いからだといえるでしょう。

企業がおおきくなればなるほど、かかえる事業の数は多くなっていきます。そのたびに、バリュープロポジションについて考えなければならない要素が増えていきます。そうなると、本来ならいちばん先に検討しなければならないところを無視して、施策やシステム導入といった次のアクションを取りたがるのも無理はありません。

しかし、BtoBマーケティングがうまくいかないという背景には、顧客の理解を深めずに施策を実行していることがおおきな原因となっているのです。

先述したとおり、リソースがないのはどこの会社も同じです。リソースがないなかで、このような手間のかかる作業をする秘訣はありません。紹介したフレームワークを使って、コツコツと、やるべき作業を実直に進めるしかないのです。

これをしっかりとやることが、結果としては最短距離になります。無駄なコストを省くことができて、成功の手応えも得られます。面倒くさいと思うのを乗り越えて、地道に取り組むことで、徐々にやり方にも慣れていくことでしょう。

第3章

3階

顧客の購買行動を知る

ＢｔｏＢにおける「購買」とはなにか

次のステップでは「ターゲットがどのような買い方をするのか」に注目をしていきましょう。

基本的に、ＢｔｏＢではいわゆる「衝動買い」は起こりません。必ず、購買においては段階があるはずです。

ＢｔｏＢの場合、次回の購買行動までの期間が長期化するケースが多いと考えられます。一度購入したらそれで終わりというわけではありませんが、次回の購買までに、かなり時間を要する傾向があるということです。

オフィス家具メーカーを例にあげると、最大のビジネスチャンスのひとつは顧客オフィスの移転時です。しかし、オフィスの移転はそう頻繁に起こることではなく、5年に一度とか10年に一度といったところでしょう。

コロナ禍においては、オフィスを縮小するニーズがあるため、かえって移転ビジネスは活況を呈している状況でした。そのような外部要因も考えながら、顧客の購買行動を定義していかなければなりません。

電子部品メーカーの例だと、商品を企画し、図面に起こし、サンプルを製作し、量産にいたるまでの期間は、民生品で1年、自動車でも5年、産業機器ともなると10年近くはかかるといわれています。

このようにBtoB購買は基本的に長期化する傾向にあり、それにくらべると、実際に購買を検討するタイミングというのは、一瞬の出来事のように思えます。そのタイミングをつかむためには、やはりビジネスにはなりにくくとも長い期間をうまく接していく必要があるのです。

「自社目線」ではなく「顧客目線」でみる

自社の製品やサービスを顧客が購買する場合、どれくらいの時間をかけて、どのようなプロセスを経ているのか、一つひとつ分解する必要があります。なぜなら、分解することによって、顧客との適切なコミュニケーションが設計できることにつながるからです。

自社の製品やサービスをどのように販売するかという「売り方」の定義を確立している企業は多いと思います。「売り方」を、見積もり段階、提案段階、稟議段階、販売段階などのステージに分類して、それぞれのステージでなにをするべきか定義することで、円滑な流れを構築することが可能になります。

ところが、「売り方」の定義ができていても、販売する相手先である顧客の「買い方」の定義ができていない企業は案外多いものです。顧客という相手方のことをわかっていなければ、最適なタイミングなどは測りようがなく「いまは要らない」「うるさい営業」という印象を与えてしまいかねません。これでは、顧客に購買行動をうながすことはできません。

結局のところ、マーケティングは「自社目線」ではなく「顧客目線」に立って考えなければならないものです。顧客がどのようなプロセスで意思決定をおこない、購買にいたっているかについて、つねに考えていく必要があるのです。

顧客の「買い方」について考える

顧客目線の立場になって、顧客の買い方について考えていきましょう。

顧客がなんらかの製品やサービスを購買するタイミングのひとつにあげられるのは、顧客にとっての問題点や課題が、企業の成長に影響を与えている場合です。それらの問題点や課題を解決するために、特定の製品やサービスが必要だと考えれば、企業は購入の検討をはじめます。成長を妨げる影響がおおきければおおきいほど優先度は高まり、問題解決のための予算も確保しやすくなります。

企業の購買は予算計画のなかから充当するケースがほとんどです。予算計画は売り上げと利益のバランスによって決定されるため、業績によっては予算が上下することもあります。場合によっては、期首で設定した予算が執行されない可能性もあります。売り上げが極端に減ったため、予算化していたものの急遽取りやめになったというケースはよく耳にします。

不測の事態はあり得るものの、基本的には、予算化されることではじめて購買に結びつけることができるのです。

購買に結びつく予算化と、実際に購買を確定する稟議は、企業のなかでは異なるものとしてとらえられています。期首に予算を立てるときが第一関門になりますが、それをクリアしたあとは、予算としてあげられたもののなかから稟議が進められることになります。つまり、予算という枠に居場所を確保しても、実際には稟議を通さなければ具現化はされません。

したがって、顧客の予算計画のなかに組み込まれたあとからも「自社の製品やサービスが、顧客の問題解決にいかに貢献できるか」を示し、購買の優先度をあげていくことが重要となります。逆にいえば、優先度をあげることができなければ、稟議がとおる可能性は低くなると考えてよいでしょう。

グロスの予算化とスポットの予算化

製品やサービスのカテゴリーによっては、恒常的に購買する必要があるので、その場合はグロスで予算化されます。

一方、製品やサービスのなかには、スポットでしか購買されないものがあり、その場合はスポット予算としての買い方を理解する必要があります。

グロスで予算化されるものは、基本的には、企業が事業を継続するうえで必要不可欠とされるものです。たとえば、文房具やパソコンなどの消耗品や備品、カタログなどの販促物、ウェブ広告などの広告宣伝費などで、一般的には会計上の費用として仕分けられる項目です。

買い手にとっては、購買するモノが存在し、購買先の選択肢もある程度の目星がついている状態です。購買担当者が自ら提案依頼書（ＲＦＰ）を正確に書きあげることができるほど熟知しており、だからこそコストダウンの対象になりやすいといえます。要求事項も明確であることから、仕入先を決定せずに予算化されることも多く、購買の都度、コンペにするケースもあれば、従来から付き合いのある会社に依頼をするケースもあります。

スイッチングコスト（切り替えにより発生する費用）が発生する場合は、わざわざ切り替えをするべきかどうかの理由が必要となります。余計なスイッチングコストを払うぐらいであれば、従来の会社を継続すればいいのではないかという発想がでてくるのは当然です。

しかし、理由さえあれば、いままでの付き合いは反故にされてスイッチングされるので、守る側はつねに危機感を覚えておくべきです。反対に攻める側は、スイッチすべき理由をつくることでビジネス機会を創出することができるといえるでしょう。

消耗戦とはちがう戦場に立つ

ここで、スイッチングされる要因について考えてみましょう。スイッチングするコスト以上に、買い手が購買先を切り替えようとする理由にはどんなものがあるのでしょうか。

もっともわかりやすいスイッチングの理由となるのは価格です。

もちろん、販売価格を抑えるのは競争に勝つ要因となりますが、それだけでは消耗戦になっていくだけです。価格以外のなんらかの価値、たとえば、製品やサービスのもつ価値を経営にまで関与させることができれば、価格競争という土俵で競合と戦わずにすむ可能性が高まります。

マーケティングでは、競争に巻き込まれることなく、戦いの場を選択することも考えるべきことのひとつです。

当社が、展示会のブースの仕事を引き受けていたときの例を紹介しましょう。展示会ブースの要求仕様は明確で、コンペになりやすく、デザイン勝負、コスト勝負になってしまいがちでした。このままでは消耗戦となり、魅力のあるビジネスにはならないと考えました。

そこで当社は、マーケティングの重要性を説き、展示会は「ブースを運営すること」が目的ではなく「ブースに来た会社をビジネスにつなげること」が目的であると訴求しました。この提案は受注につながり、消耗戦から離脱することができたのです。

このように問題点をずらし、買い手側にスイッチングコスト以上の価値を提案することができれば、自社に切り替えてもらうことは可能です。

価格で勝負するのか、価値で勝負するのかを考え、後者に勝負の糸口をみつけなければ魅力のあるビジネスにはなりません。

スポット予算化される「未知の領域」

次に、スポットで予算化されるものについて考えてみましょう。スポットの例としてあげられるのが、先述した「企業の成長を妨げる影響を解決する製品やサービス」です。備品や広告宣伝費とは異なり、買い手にとっては「未知の領域」となる新しい取り組みであることがほとんどです。そのため、予算化のタイミングではさまざまな売り手企業を比較検討し、会社が直面している問題点や課題に対して、本当に解決につながるのかを慎重に模索する傾向があります。

また、未知の領域であることから、予算化を目指す買い手側の担当者は、売り手側の担当者と何度も検討を重ね、社内に提案していく流れとなることが多いようです。

当社が販売しているマーケティングサービスはまさにそうで、買い手側担当者は「いままでやったことがないから、ＲＦＰなど書けない」のが普通です。このとき、親身になって一緒にＲＦＰを書いてくれた売り手先に契約を任せることが多いように思います。

売り手からすれば、買い手と一緒に予算をつくり、買い手と一緒に提案をしている感覚をもつことになります。たんなる販売相手としてみるのではなく、買い手とともにつくりあげていく共同作業としてとらえられるので、その後も、問題の解決につながる支援サービスの必要性が高くなるのではないかと考えられます。

購買意欲を補強するコンペリングイベント

スポットで予算化を目指す場合は、買い手側に、自分たちがかかえている問題についてしっかりと気づいてもらうことが重要な作業になります。買い手側にとっては、いままで取り組んだことがない案件ですから、問題がどのようなもので、それがいかに経営的に悪い影響を与えているか、明確にわかっていないことが少なくありません。さほど重大な問題だととらえていない場合であれば、なにもないところから啓蒙していくくらいの気概が必要です。

このとき、予算化へ意欲を補強してくれるのが「コンペリングイベント」です。コンペリングイベントとは「なにかをせざるを得ない環境、要因」を指しています。

たとえば、コンペリングイベントのひとつとしてあげられるのは、世界的な感染拡大となった新型コロナウイルスです。新型コロナウイルスで収益をあげたのはウェブ会議システムを提供する企業ですが、感染拡大以前は、一部の先進的な企業が利用している状況でした。それがいまでは、企業をはじめ、教育現場や公的機関などでも当たり前のように使われるようになりました。

ほかにも、コンペリングイベントとなるものはいくつもあります。たとえばカーボンオフセット、物価の上昇、労働者人口の減少、法令の施行などです。消費税増税前に家や車などの高額商品を買ってしまおうという「増税前キャンペーン」なども、コンペリングイベントを活用した事例です。

ただし、コンペリングイベントはそう頻繁に起こるものではありません。不確実性の高い要素がおおきく、それを避けることができないからこそ「なにかをせざるを得ない環境、要因」が生まれるのです。

それでは、いつやってくるかもわからない機会を、ひたすらまたなければならないのでしょうか。

機会をまっているだけでは、ビジネスにはなりません。むしろ、コンペリングイベントをつくりだし、業界に仕掛けることも、マーケティング担当者の仕事なのです。

たとえば「ESGという観点から、マーケティングの重要性が高まっている」ということを考えてみましょう。

ESGとは、環境（Environment）、社会（Social）、ガバナンス（Governance）の頭文字をとった言葉で、企業が持続的に成長するためには、この三つの観点が必要であるという考え方です。現在では、大企業を中心に、非常に重要視される経営指標となっています。

法人営業部門があり、大勢のセールスパーソンをかかえるＢｔｏＢ企業において、「ＥＳＧの観点から問題となってくる点はなにか」を検討してみると、セールスパーソンの移動によるＣＯ₂排出、少子高齢化にともなう労働人口減、労働人口減少にともなう労働負荷の増大などをあげることができるでしょう。ＥＳＧは、今後ますます企業側が真剣に取り組まざるをえないおおきなコンペリングイベントのひとつとなっていくはずです。

このとき「マーケティングは、ＥＳＧというテーマに対して解決を示す一手になりうる」というメッセージを込めることで、現場から上層部へとターゲットのレイヤーは移行することになるのです。

このように、自社でコンペリングイベントを提唱し、予算への組み込みへのチャンスを拡大することはマーケターにとって非常に重要な取り組みです。

「問題がある限り、いつかは買う」

私がＢｔｏＢのサービスを提供しはじめて間もないころ、ある顧客からいわれて、鮮やかに印象に残った言葉があります。

「ＢｔｏＢ企業は、問題がある限りいつかは買うんですよね」

まさにそのとおりだと思いました。

私も営業時代「いつかは買ってくれるだろう」と顧客にくっついていて、仕事をもらったことが何度もありました。

この「くっついていく」ということは、きわめて重要だと思っています。なぜなら、顧客が購買したいと思いついたときに、営業がそばにいるかいないかは、結果に天と地ほどの開きを生じさせるからです。

もちろん、顧客の近くに寄りすぎるのは鬱陶しいと思われてしまうので注意は必要です。それでも、適切な距離で離れずにいることで、顧客はいつでも相談できるという安心感が得られます。その延長線上には、いつかは買ってもらえるというチャンスが訪れます。

そこにギブはあるか?

しかし、どうすれば適度に離れずにいられるのでしょうか。

私は、その鍵を握るのは「ギブ」だと思います。

顧客の関心にマッチしたギブを与え続けることができるかどうかが、成否を決定する要因の大半を占めるのです。

かつては、顧客とゴルフにいくこともギブ、お酒を飲みにいくこともギブでした。そこで築いた関係性が、ビジネスの場面に変わっても同じような効力をもった時代はたしかにありました。ところが、いまはこのようなギブは、あまりほめられたものではないととらえられています。

それならば、どのようなギブがいまの時代に合っているのでしょうか。

それは、顧客のビジネスを円滑に推進するための「情報」というギブの提供です。

じつは私は話をするのが苦手なタイプで、社交的とはいえない性格です。お酒も飲めませんし、ゴルフもやりません。だから、営業には向いていないと思っていました。しかし、新規開拓営業をしなければならない状況になった以上は、なんらかの方法で顧客と対話をする必要性を感じていました。そこで、毎月手づくりのレポートを作成し、顧客に渡すことにしたのです。

「毎月ありがとう、とても参考になるよ。ところで、いまこんな問題があるんだけど、ここに載っている記事について……」というように、仕事につながったことが多々ありました。このレポートは、顧客から離れない存在になるために、自分なりに工夫をしたギブとなったのです。

なんらかのきっかけや媒介がないと、買い手と売り手の間では話ははずみません。このとき情報のギブは、相手が必要とすることを伝えつつ、適切な距離を保つという、一石二鳥の存在になります。

その結果、顧客のそばから離れることなく営業ができるようになりますし、なにか問題が起こったときには、すぐに相談をしてもらえる環境をつくりあげることができるのです。

変化点はとらえるもの、そしてうながすもの

もうひとつ、ある顧客に教えていただいた忘れられない言葉があります。ＢｔｏＢの仕事を本格的にスタートして、はじめて顧客になってくれた方からいわれた言葉です。

「ＢｔｏＢの場合、いつ買うと思う？　買う瞬間には必ず『変化点』があるんだ」

たしかに、検討から購買にシフトするタイミングには、顧客にはなんらかの変化点があるはずです。当社のＢｔｏＢサービスを購買していただいたはじめての顧客は、当社のブログを読んで「ウチもこうしないといけない」と思ったことが変化点になったとのことでした。

では、変化点とはなんでしょうか。

「こうしないといけない」という心境の変化もそうですし、コンペリングイベントも変化点になります。社長から「ＤＸを推進しろ」という命がくだったことが変化点にもなれば、在庫がなくなった、人が辞めた、部署が増えた、なども変化点となります。

感度の鋭い営業は、顧客の変化点を一つひとつ感じとっています。根拠ははっきりしませんが「なにかあるな」と、嗅覚が変化を感じるのでしょう。

変化を感じとれるのは、やはり、つねに顧客の近くにいるからなのだと思います。

また、顧客に変化をうながすことも重要です。顧客が気づいていない場合でも「いまが変化のときではないですか」と提案をするのです。

変化点を迅速にとらえるためにも、変化点への気づきをうながすためにも、重要なのは、つねにギブを提供しているかどうかではないでしょうか。

「問題がある限り、いつかは買う」「問題は、変化点をもたらす」「問題に気づいていなければ、変化をうながす」これらに共通するものはギブなのです。

顧客のフェーズを見極める

ＢｔｏＢマーケティングでは、顧客が購買を検討し、決定するまえに、問題点を認知するフェーズがあります。また、問題点の認知のまえには「現状維持・未認知」というフェーズが存在します。

問題が存在するにもかかわらず、現状維持・未認知のままでいるのは「問題を問題だと考えていない」状態だといえます。じつのところ、顧客はこのフェーズで滞留しているケースが多く、その期間は長引くことがあります。

しかし、未来にわたってずっと現状維持・未認知のフェーズのままでいられる企業は存在しません。現状維持・未認知から抜けだすためには変化点が必要で、変化点への気づきこそが、顧客の態度変容になるのです。

また「現状維持・未認知」「問題の認識」「解決策の探索」「選定・比較」「稟議・購入」というフェーズごとに、変化点は存在します。そして、それぞれの変化点ごとに、顧客へのアプローチは変えていく必要があります。

たとえば、現状維持・未認知のフェーズで新製品の話をしても、顧客は興味を示しません。一方で、購入の意思があるフェーズで、製品やサービスとは関係のない情報を提供してもビジネスにはつながらないでしょう。

営業現場では、失注するとその顧客に寄りつかなくなることはよくありますが、これは機会の損失につながっています。

「他社から購買をしたばかりで、顧客は現状維持・未認知のフェーズにはいったのだから、いくらがんばっても契約は取れない」となると、営業が興味を失うのも当然です。しかし、顧客のフェーズはこれからも問題の認識、解決策の探索……の段階に進んでいきます。

再び「いつかは買う」状況になっているので、絶えず変化点は訪れているのです。あらたな機会をとらえるために、ビジネスを推進するためのギブを提供しながら、関係性を維持して、それぞれのフェーズの変化点を見極めることが重要なのです。

第4章

4階

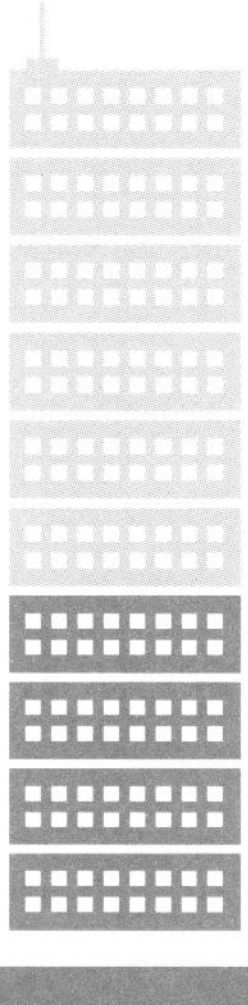

顧客の購買行動に合わせた「売り方」を考える

購買行動に合わせて検討すべきこととは

ここまで、顧客の買い方について紹介をしてきました。

購買行動のフェーズが理解できたら、売り手はいったいなにをすべきなのでしょうか。

ＢｔｏＢの場合、一つひとつのフェーズはかなり長くなる傾向があります。とくに、現状維持のフェーズに戻ってくると、しばらくは動きがないように思えてしまいます。しかし、その間に売り手はなにもできないわけではありません。

まずは、各フェーズで検討すべきギブ（図7）にはどんなものがあるのかを考えて

【図7. 各フェーズにおけるギブ】

みましょう。

たとえば現状維持・未認知のフェーズでは、「だれになにを与えなければいけないか」「それを受け取ったあとは、顧客にはどのような変化が生じるか」などを検討する必要があります。検討の結果、生みだされたギブこそが、このフェーズで提供できるコンテンツであり、この図の場合だと「業務ミッションに対する学習」がこのフェーズにおけるコンテンツのテーマになります。

顧客にはこのあと、「ミッションに対する課題への気づき」という変化点が訪れて、フェーズは「課題の認識」へとシフトします。この変化に対して提供できるコンテンツと、顧客に訪れる変化点とは表裏一体の関係となっています。

同様に「解決策の探索」「選定・比較」「稟議・

購入」の各フェーズには、どのようなコンテンツが必要で、どのような変化点が訪れるのか、十分に吟味する必要があるでしょう。

コンテンツマトリクスで整理する

また、このような流れに沿って考えると、売り手が提供できるコンテンツには、フェーズを維持するためのコンテンツ、そのフェーズから次のフェーズに遷移するためのコンテンツ、次のフェーズに遷移したときに必要なコンテンツがあることがわかります。

多くの売り手企業は、コンテンツを検討するときに、競合の動向を踏まえて、思いつきで生まれた案などを提供しているようです。しかし、それが顧客のどのようなフェーズに有効なのかは、あまり考えられていません。それでは、顧客と関係性を維持したり、顧客の変化点をとらえることも、うながすことも、なかなかうまくいかないはずです。

では、どうすれば顧客のフェーズをしっかりと把握して、効果的なコンテンツを提供することができるのでしょうか。

このとき役に立つのが、コンテンツマトリクスです。一例として、当社が書き込んだものを紹介します（P118 図8）。

このマトリクスを完成させるには、顧客ごとの買い方におけるフェーズの定義を決める必要があります。顧客がどのような状態でいるのかが明確になっていなければ、それぞれのフェーズの維持や変化に対して、適切なコンテンツを考えることができないからです。

また、各フェーズの名称は決まった用語にする必要はありません。顧客によって買い方は変わってくるため、それに合わせて適当な名称にするとよいでしょう。

購買行動	ステージの定義	ユーザー状態例	ギブのテーマ（コンテンツ）	読了後の目標や狙い
現状維持・未認知	・マーケティング部門に着任し、これからなにをするべきかの検討をはじめる状態	・マーケなんてやったことない ・なぜマーケが必要なのか？ ・用語がわかっていない	・BtoBマーケティングとは？ ・マーケティングが必要な理由 ・マーケティング基礎知識	・BtoBマーケティングの基礎知識や担当者自身の共感、必要性の理解を醸成していくこと
課題の気づき	・マーケティングの理解や必要性を感じている状態	・個々では理解できつつあるが、全体のイメージがまだ不明瞭 ・無い無い尽くしで結局なにから手をつければよいかわからない	・BtoBのデジマ担当1年生 ・BtoBマーケのはじめ方 ・MAとSFAのちがいと役割	・マーケティング担当者が取り組んでいくうえでのステップを理解してもらう
課題の認識	・課題を整理し、実施しなければならないタスク、必要なツール等、要件整理をおこなっている状態	・MAやSFAが必要なのはわかってきたが、ツールベンダーの話をきいてよくわからなくなった	・営業とマーケティングの壁 ・MAは魔法の杖ではない！重要なのは運用体制 ・MAツール選定における要件定義のつくり方	・ツールだけではなく、営業とマーケティングの分業体制の必要性を理解してもらう
課題の本質を探求	・課題の本質をつかみ、原因と解決の糸口を探している状態	・ツールのまえにマーケや営業の分業体制や仕組みの必要性が理解できたが社内でまわせるのか不安	・スキルとマインドセット ・MA導入の失敗あるある10選 ・最先端の米国マーケティング体制事例	・新たに人材を獲得するのは困難ではないか。アウトソーシングという手段に気づいてもらう
課題解決方法の探索	・解決手法をある程度絞り、その関連情報を探索している状態	・自社のモデルを設計できるコンサル会社を探している ・MAとSFAの導入、実装も同時に頼みたい	・中長期の運用事例 ・具体的なサービス紹介 ・ワンストップサービス	・ワンマーケティングならワンストップでマーケティングのあらゆる代行を頼めそうだ

【図8. コンテンツマトリクスの例】

「だれに対して提供するのか」「どのようなギブが必要なのか」「それによって、適切な距離を維持できるのか」「ギブを受け取った顧客にはどのような変化が起こるのか」「ギブの本来の目標はなにか」……といったことを整理していければ、最適なコンテンツの検討ができるはずです。

コンテンツの種類を整理する

次のステップでは、コンテンツの種類について整理してみましょう。

コンテンツは基本的にすでに自社のリストとして保有している「既存顧客」と、「見込み顧客」リストのフェーズの維持と、フェーズの変化のために提供されます。しかし「まだ出会えていない顧客」に提供するのは、それらとは異なる「集客するためのコンテンツ」です。

デジタルの世界の集客コンテンツは、顧客が知りたいことを自ら検索し、検索の上位に表示させることで、自社のウェブサイトへトラフィックを集めるという役割を担っています。このとき、「SEO（Search Engine Optimization）」によって検索エンジンの上位表示が確保できれば、自社のサイトへの流入増加につなげることができるでしょう。

顧客が検索をする背景には、次のようなシーンが考えられます。

業務上でてきた用語や、その意味を知りたいとき（KNOWN軸）
業務において必要な製品やサービスを選定したいとき（BUY軸）
なにか具体的に実行したいとき（DO軸）

検索エンジンは、これらの検索ニーズに対応するかたちでコンテンツ表示順位を変動させています。つまり、それぞれのコンテンツの検索順位をみれば、どのような検索ニーズがあるかを探ることが可能となります。

たとえば、みなさんの会社が上位表示させたいコンテンツやキーワードを検討しているとします。このとき、KNOWN軸では上位表示されるのだが、BUY軸だと上位表示はむずかしくなる、といった場合があります。

ニーズを調べてコンテンツを合わせる

意味がわかりにくいと思うので、少し解説してみましょう。

たとえば「BtoBマーケティング」と検索したときに、画面にでてくる検索エンジンの表示順は「よく調べられているニーズ」を表しています。

BtoBマーケティングにかんする知識系のコンテンツが上位表示されるなら、ニーズは「BtoBマーケティングの用語や知識」などにあります。上位表示されるのがBtoBマーケティングサービスを提供している企業なら、ニーズは「サービス提供企業を選定している状態」にあると考えられます。

つまり「ニーズの主流はＫＮＯＷＮ軸のコンテンツだろうと予想して、知識系のコンテンツを数多く準備したものの、実際にそのキーワードで検索してみたら、ＢｔｏＢマーケティング企業が上位表示にされた」といった場合は、いくらＫＮＯＷＮ軸のコンテンツをつくっても上位には表示されない、ということを意味しています。

したがって、この上位表示から読み取れるのは、「ニーズはＢＵＹ軸にあるので、つくるべきコンテンツはＢＵＹ軸を対象としたものだ」ということになるでしょう。

集客コンテンツを検討する場合、そこにどのようなニーズがあるのかを調べて、コンテンツをつくることが重要だといえます。

また、コンテンツを用意するにあたっては、テキストであることにこだわる必要はありません。ＹｏｕＴｕｂｅの動画が検索上位に食い込んでくるのであれば、「このジャンルは動画のほうが伝わりやすいというニーズがある」と検索エンジンが判断したことになります。

コンテンツのあり方は多様になってきていて、テキストがいいのか、動画がいいのか、状況に合わせて考えていくことが必要です。

コンテンツに求められる「量」と「質」

集客コンテンツにかんしては、ある程度の「量」と「質」がないと高い評価は得られないといわれています。検索エンジンに評価されるのはサイト全体なので、コンテンツの数が少なかったり、扱うテーマがバラバラだったりすると、信頼性が低いと判断されてしまいます。

また、検索ニーズにマッチしたコンテンツであっても、それらがページ単位で散発的に存在しているような場合は、検索には引っかかってきません。重要なのは、専門性をもったさまざまなページをまとめる、おおきなテーマの「傘」になるようなコンテンツがあるかどうかです。

全体をおおう「傘」を1冊の「本」にたとえるなら、各コンテンツにあたるのは、書籍を構成する「章」や「見出し」だと考えられます。検索をする人は、それぞれのニーズによって、好きな章から読みはじめることができますが、書籍全体としては、統一されたテーマをもっていることになります。


さらに、権威性があるかどうかも、コンテンツにとっては大切な要素となります。権威性には、専門性を確立した人が書いているコンテンツかどうか、ソーシャルで多くのファンをかかえている人が書いたコンテンツかどうか、信頼できる書籍の著者が書いているかどうか、などがあげられます。

国が運営するコンテンツや大企業が運営するコンテンツが上位表示されるのは、同様にこの権威性によるものでしょう。

価値あるコンテンツは資産になる

ＢｔｏＢの集客コンテンツの場合は、上位に表示されることやトラフィックを集めることも大切ですが、顧客の情報を獲得することができてはじめてビジネスチャンスが得られます。

つまり、集客コンテンツは「集客」だけでは十分とはいえず「獲得」コンテンツも機能させるべきものなのです。

ここでは「匿名」「集客」「獲得」のステップがあり、さらにそこから「維持」「変化」へと移行していきます。「維持」「変化」は、先述した「現状維持・未認知」「課題の認識」……などのそれぞれのフェーズに対応し、そのフェーズの維持と変化をうながしていきます。つまり、それぞれのステップに応じた獲得のためのコンテンツが必要ということになります（図9）。

当社の獲得コンテンツを例にすると「ＢｔｏＢマーケティングスタートアップガイド」や「マーケティングオートメーション実践書」といった資料がそれに該当します。これらの資料はダウンロードして活用できますが、代わりにこのとき、当社は顧客候補のメールアドレスや会社情報などを獲得するのです。

ウェビナーなどへの参加登録も、獲得コンテンツのひとつとなります。つまり、なんらかのギブを提供する代わりに顧客の情報が得られるコンテンツが獲得コンテンツだといえます。

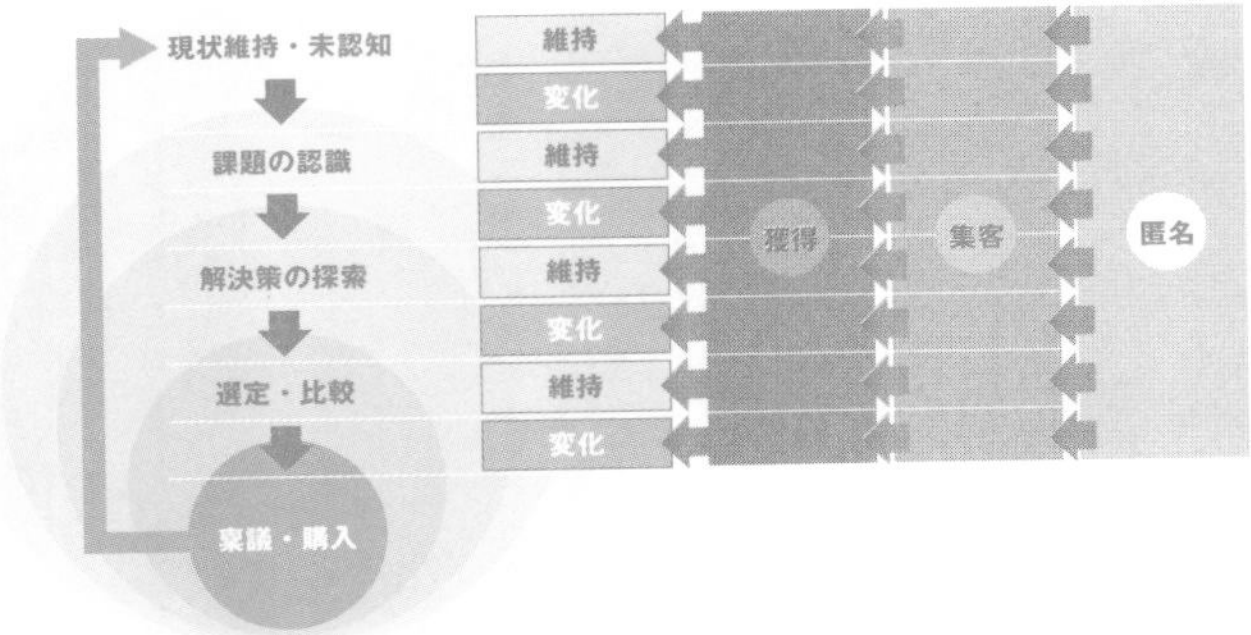

【図9. 各フェーズごとの集客と獲得コンテンツの必要性】

顧客が「現状維持・未認知」のフェーズであっても、集客するためのコンテンツがあれば、準備は整っているといえます。見込客に対してそのフェーズにおける獲得コンテンツがあれば、顧客情報を集めることができます。

獲得した顧客に対しては、関係性を維持するためのコンテンツを用意する必要があります。関係性を維持する期間には、顧客の変化をとらえ、顧客に変化をうながすコンテンツが必要となるでしょう。

とはいえ、コンテンツの制作には非常に負担がかかります。だからこそ、ターゲットを絞り込むことが重要になるのです。

すべての顧客を網羅しようと全方位でコンテンツを制作すると、各ターゲットごとに各フェーズのコンテンツが必要となります。一方で、だれに対しても使えるコンテンツだと内容が曖昧で希薄なものになりかねないので注意が必要です。また、どのフェーズのコンテンツを優先的につくらなければならないかを考えるべきですが、各事業、サービスの成熟状況、現時点でのコンテンツ作成状況にもよりますので、十分に検討してみてください。

コンテンツ作成は、顧客視点であることが基本姿勢です。顧客の買い方を中心にコンテンツをつくっているか、自社の売り方を中心にコンテンツをつくっていないか、コンテンツがプロダクトアウトになってしまっていないか、しっかりと検証する必要があります。

ここでもバリュープロポジションの考え方は活かすことができます。「顧客のニーズ」と「自社が提供する製品やサービスの価値」が一致してはじめて、コンテンツは価値をもつことになるのです。

このようにしてつくられた価値あるコンテンツは、やがて会社の資産にもなります。

顧客のニーズに応えているコンテンツは、良質だといえます。しかし同時に、コンテンツには量も大切なことを忘れてはいけません。

対話の接点数の向上によって親しみが湧くといわれる「ザイオンス効果」も、量による効果だと考えられます。良質な接点は多いほど、顧客の「ファン化」や顧客との信頼関係の育成にもつながり、長期の購買検討期間にも対応することが可能となります。だからこそ、ある程度の量を準備することが必要となります。

第５章

5階

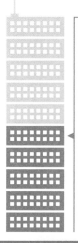

「売り方」を再構築する

自社の売り方が定義できているか

ここまで、顧客のニーズに向けて自社が提供できる価値について、また、顧客の買い方に合わせてどのようなギブを提供するべきかについて紹介してきました。

次のステップでは、顧客のニーズや買い方に対して、自社は「どのように売っていくべきか」を考えていきたいと思います。

従来の営業中心の売り方では、コロナ禍の影響やリソースの枯渇など、限界がみえてきたことは先述のとおりです。そこで、いま必要とされているのは「売り方の再構築」ではないかと思います。

具体的には、次の三つのポイントを提唱したいと考えています。

1．顧客が自ら情報を探す時代に変化してきている。したがって、情報を積極的に提供し、自社を「顧客が発見する」ように仕掛ける。

2．BtoBでは顧客の買い方が長期化する。したがって、長期にわたって付き合いが持続するように、デジタルを駆使して顧客との接点を維持する。

3．顧客の頃合い（最適なタイミング）を発掘する必要がある。したがって、顧客の行動を捕捉し、ちょうどよい頃合いで最適な接点をもつ。

これらすべての行動を、営業だけで担うことはできません。マーケティングとインサイドセールスというチャネルを加えて、三者で分業する必要があります。

つまり「売り方の再構築」とは、営業の業務を棚卸し、あらためて分業体制をつくりあげることで、自社のリソースを最適化することなのです。

これからの「売り方」はどうなっていくのか

この分業体制について、より細かく、具体的に定義していきましょう。このとき、前章で紹介した顧客の「買い方」がポイントとなります。顧客の買い方に対して、どのタイミングが営業に引き渡していくタイミングなのか、どのタイミングに営業がいないと商談につながらないのか、をしっかり考えていく必要があります（図10）。

自社の製品やサービスを営業する場合、どのようなタイミングでアプローチするのが最適でしょうか。はやすぎるタイミングでは購買の意思決定までが長期化してしまい、自社・顧客ともに無駄なやりとりが発生します。一方、遅すぎるタイミングでは競合に案件を奪われたり、競争が激化して契約条件が不利になったりしてしまいます。

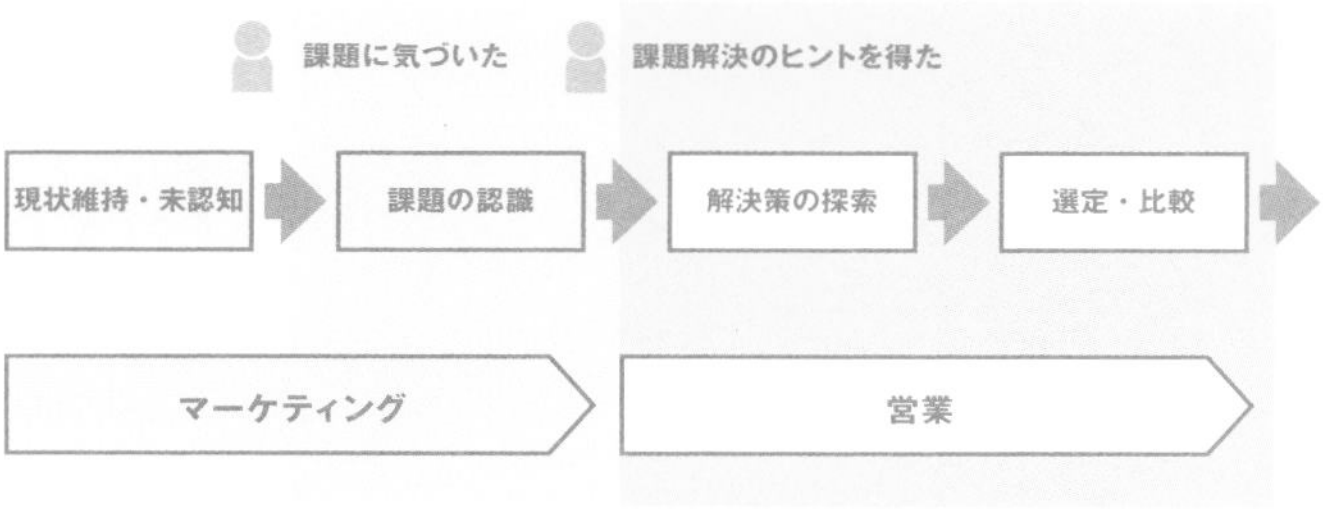

【図10. 顧客の買い方に合わせて営業の引き渡しポイントを考える】

また、アプローチのタイミングは、製品やサービスの市場の成熟度によっても変わってきます。

未成熟の市場の場合は、購買意思が潜在的な段階からしっかりとサポートしていかなければ、最適なタイミングをつかむことがむずかしくなります。むしろ啓蒙する時間が必要で、それらの活動が評価され、それらの分野におけるリーダーになることができれば、競合を排除できる可能性がみえてきます。

一方、成熟した市場の場合は、ある程度は購買意思が顕在化したタイミングでアプローチをするほうが効率的です。成熟した市場では、基本的に競合がない独占状態をつくりあげるのはむずかしいため、必要以上の手間をかけることはリソースの無駄遣いになるからです。

インサイドセールスのはたす役割

このとき、重要な役割を担うのがインサイドセールスです。

インサイドセールスでは、外勤をせず、架電やメールなどを駆使して顧客との接点を構築します。そのぶん多くの顧客との接点をもつことができます。

インサイドセールスには、営業が稼働するまえにアプローチすることで、顧客の取りこぼしを防ぐという役割があります。実際の営業に引き渡すタイミングをコントロールして、営業の効率化を促進する役割も担います。

コロナ禍という状況下でインサイドセールスは注目を集め、インサイドセールス部門を立ち上げた会社も多くなってきました。以前は営業の補佐的な存在ととらえられていたものが、重要なチャネルに成長したといっていいかもしれません。

営業とインサイドセールスの明確なちがいとはなんでしょうか。端的にいえば、インサイドセールスは案件をつくり、営業は案件を顧客にしていくというちがいがあります。この分業体制をしっかりと構築することで、営業活動の質が変わり、効率化が実現できるのです。

一方、マーケティングの役割は、潜在的な顧客を発掘することです。発掘された潜在的な顧客は、インサイドセールスによって顕在化されます。この三つのチャネルが機能することで、営業活動を効率的に最大化する体制の構築が可能になります。

これが、これからの「売り方の再構築」です。

これまでは、営業がすべての工程を担おうとかかえ込んでいたため、どうしても「二足のわらじ」状態に陥ってしまう傾向がありました。新規顧客を追いかけると既存顧客がおろそかになり、既存顧客を手厚くフォローすると新規顧客を開拓する時間がなくなるという苦しい状況です。

このような状態では、既存・新規ともに十分な提案ができなくなってしまいます。そのために、この分業体制が注目されはじめているのです。

レベニューサイクルモデルの考え方とは

営業が多くの見込客をかかえていることで、結果としてフォローが十分にできていないという問題を解決するために、「どの部隊が、どのような状態で顧客を管理していくのか」を明確化しようという発想が生まれ、これをモデル化したのが「レベニューサイクルモデル」です。

レベニューサイクルモデルでは、匿名状態の潜在的顧客から、受注するまでの流れを可視化し、フェーズで管理します。さらに、その顧客に対して、どのような施策を実施しなければならないかを明確にしていきます。

また、マーケティングがどの顧客をみていて、インサイドセールスがどの顧客をみていて、営業がどの顧客をみていて、「それぞれが、いまは何社、何人をかかえているのか」が見える化できている状態をつくっていきます。このようにして、各部隊が顧客に対して担う役割を明確にすると同時に、各部門ごとのリソース状況を確認していくことが可能となります。

サクセスパス、迂回パス、デッドエンドパス

次に、具体的なレベニューサイクルモデルのつくり方を紹介しましょう。

P139の図11では「顧客化」を成功と定義しています。

このとき、「正常ルートの設計（サクセスパス）」「分岐する迂回ルートの設計（迂回パス）」「行き止まりとなる設計（デッドエンドパス）」を考えていく必要があります。

サクセスパスは「リード獲得」から「顧客化」するまでの順当なルートを示しています。まずは、匿名状態から顧客情報を獲得して、リード獲得のステージにはいります。この場合の顧客情報とは、会社名、メールアドレス、担当者の姓名などの基本情報です。

顧客情報を獲得したら、顧客とのつながりを維持し続ける「育成対象」に移行します。育成対象はサクセスパスに進む顧客となり、そうでない顧客は「除外対象」となります。除外対象はこれ以上の進展が望めないため、デッドエンドパスとなります。

次に「育成対象」のなかから、営業がアプローチする必要のあるフェーズを検討します。このフェーズは「ＭＱＬ（マーケティングクオリファイドリード）」などとよばれます。

このＭＱＬこそが、マーケティング担当者から他部門への引き渡しのポイントとなります。したがって、ＭＱＬの定義は慎重におこなわなければなりません。どのようなプロファイルで、どのような状態がＭＱＬなのか、また、どのようなプロファイルと状態であれば迂回パスとなるのか、マーケティング担当者が責任をもって検討をします。

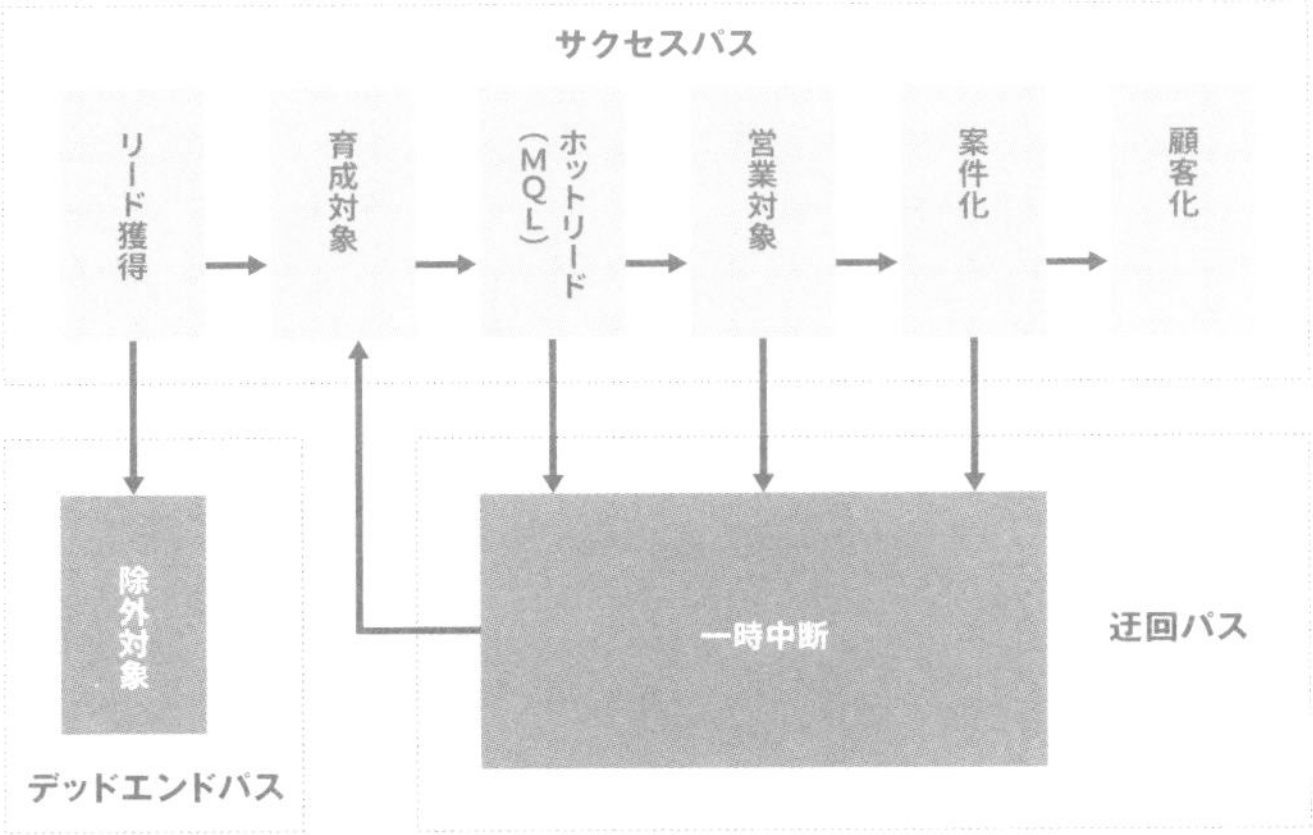

【図11.サクセスパス・迂回パス・デッドエンドパス】

なお、「迂回」ときくと、一時中断となってしまったよくない状況のように思えますが、じつは非常に重要なポイントが隠されています。一般的に使われている「レベニューモデル」という用語には「サイクル」という言葉が抜けています。つまり、迂回パスとしてサイクルさせるという考え方が欠けてしまっていることが多く、いったん失注となった顧客はそのまま放置してしまっています。

しかし、この放置されている顧客こそが、じつは宝であり、資産となる可能性を秘めています。サイクルという言葉のとおり、ひとまわりさせることによって、再度サクセスパスに乗せることができる「育成対象」だと考えると、迂回パスの大切さが理解できることでしょう。

続くフェーズでは、営業がＭＱＬにアプローチをしますが、その結果によって、再びサクセスパスと迂回パスに分岐します。

サクセスパスに向かう顧客は「営業対象」となり、営業が管理し、営業が責任をもって対応しなければならない顧客です。まだ案件にはいたらないものの、継続アプローチをする対象です。

一方、迂回パスへ向かう顧客は、ニーズとして合致していない対象ということになります。しかし、先述したように、対象外だからといって放置はせず「一時中断」してマーケティングが管理する育成対象に戻します。

さらに、営業対象から進展した場合は「案件化」フェーズに移行します。案件化した顧客は、営業が受注するまでの対応をおこない、晴れて受注した場合は「顧客化」フェーズにはいります。残念ながら、競合などに敗れて失注した場合は「一時中断」フェーズにはいりますが、育成対象に戻るのは各フェーズと同様です。

マーケティング、インサイドセールス、フィールドセールス

マーケティングと営業の間にインサイドセールスがはいる場合は、レベニューサイクルモデルは異なってきます。

インサイドセールスが間にはいる場合は、インサイドセールス用のフェーズを設けることになります（P143 図12）。

顧客の買い方との関係性では、図13のようになります。顧客の買い方において、課題認識したタイミングでインサイドセールスがアプローチしなければならない場合は、見込客のフェーズは「ホットリード（MQL）」となっていないといけません。

マーケティングによるリード獲得、育成対象のフェーズを経たあと、ＭＱＬから次に移行する段階において、「ＩＳ（インサイドセールス）対象」となるか「一時中断」となるかの分岐点が、インサイドセールスで設定されます。

そして、ＩＳ対象となった場合は、インサイドセールスによるアプローチが始動し、架電などをしながら案件化への可能性を探ります。引き続きの可能性ありと判断されれば「ＩＳ選別対象」へとフェーズが移り、そうでなければ一時中断に移行します。

その後、案件化への可能性の高い「営業対象」へ顧客が変化した時点で、インサイドセールスから「フィールドセールス」へバトンが渡されます。以後、顧客のフェーズは案件化、顧客化へと移っていきますが、案件化までの各フェーズで、一時中断になり迂回パスにまわる分岐点は存在します。

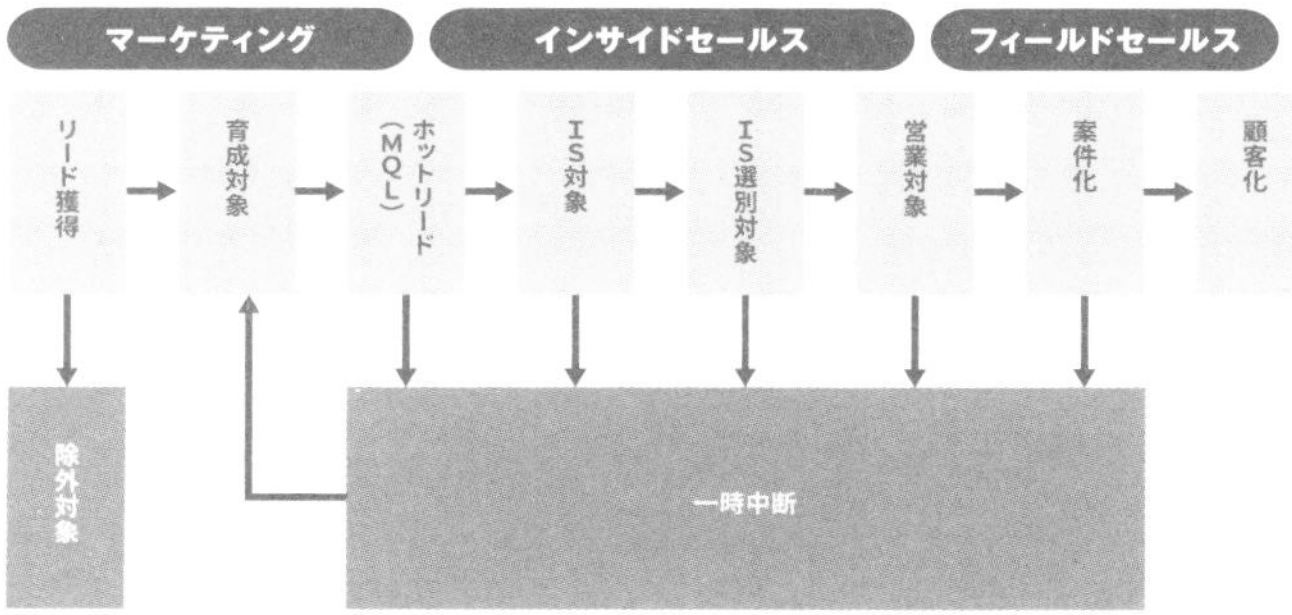

【図12. インサイドセールスが間にはいる場合】

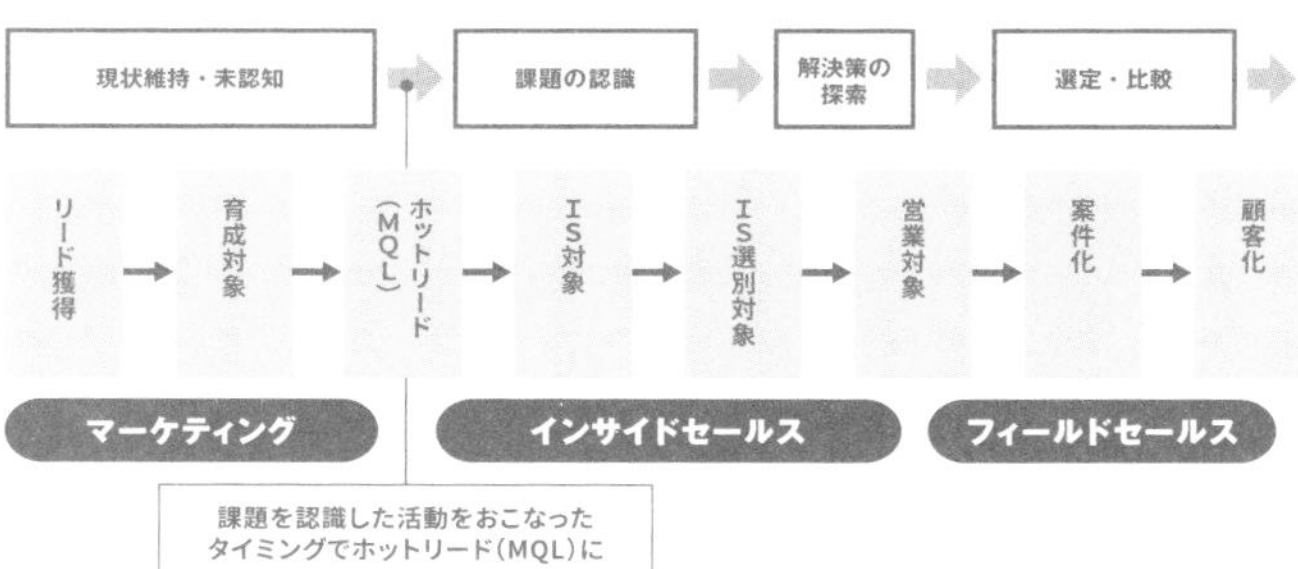

【図13. 課題を認識したタイミングで
インサイドセールスがアプローチする場合】

ファストパスでMQLへ

一方で、サクセスパスにおいては、リード獲得のあとすぐにMQLになるショートカットのルートが考えられます。

たとえば「お問い合わせ」があった場合などは、育成対象を飛ばして、MQLとして扱う必要があります。お問い合わせのケースは、当然ながら除外対象にはなりません。

また、インサイドセールスのアウトバウンド（架電によるアプローチ）などにより、リード獲得ができた時点で、IS選別対象フェーズとなる場合もあります。従来のやり方である、営業が直接顧客にアプローチしてリード獲得した場合は、すぐに営業対象のフェーズにはいります。これらの短縮されたルートは「ファストパス」とよばれ

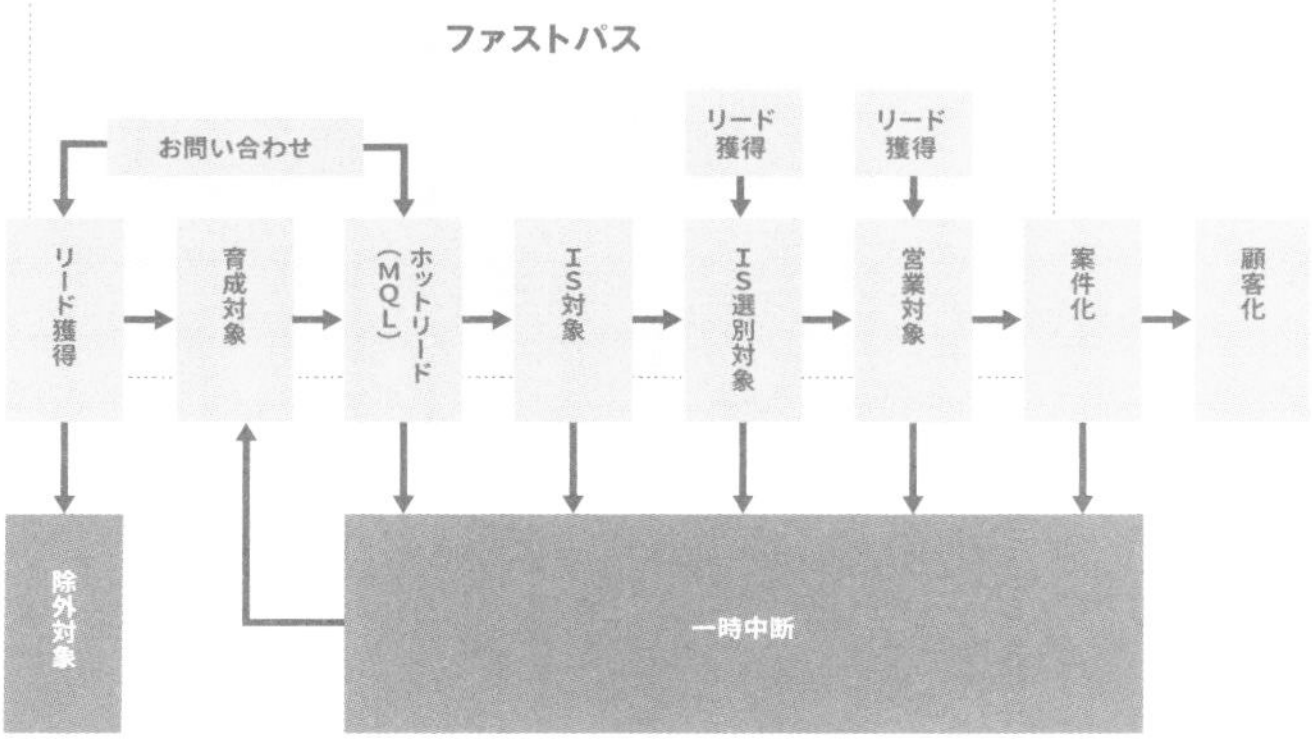

【図14. ファストパスルートになる場合】

ています（図14）。

ファストパスにおいても、それぞれのフェーズには一時中断の分岐点が存在することは前述と同様です。

フェーズが顧客化したあとも、そこで終了ではありません。とくに、繰り返しの購買が多い商材の場合は責任をもって顧客に関与し続ける必要があります。

受注後のフェーズでは、次の購入までの期間が長い場合は、いったんマーケティングに戻したほうがよいケースもあるでしょう。一方で、そのまま営業が関与し続け、生涯売り上げ（LTV）をあげていくほうが、効率がよいケースもあります。

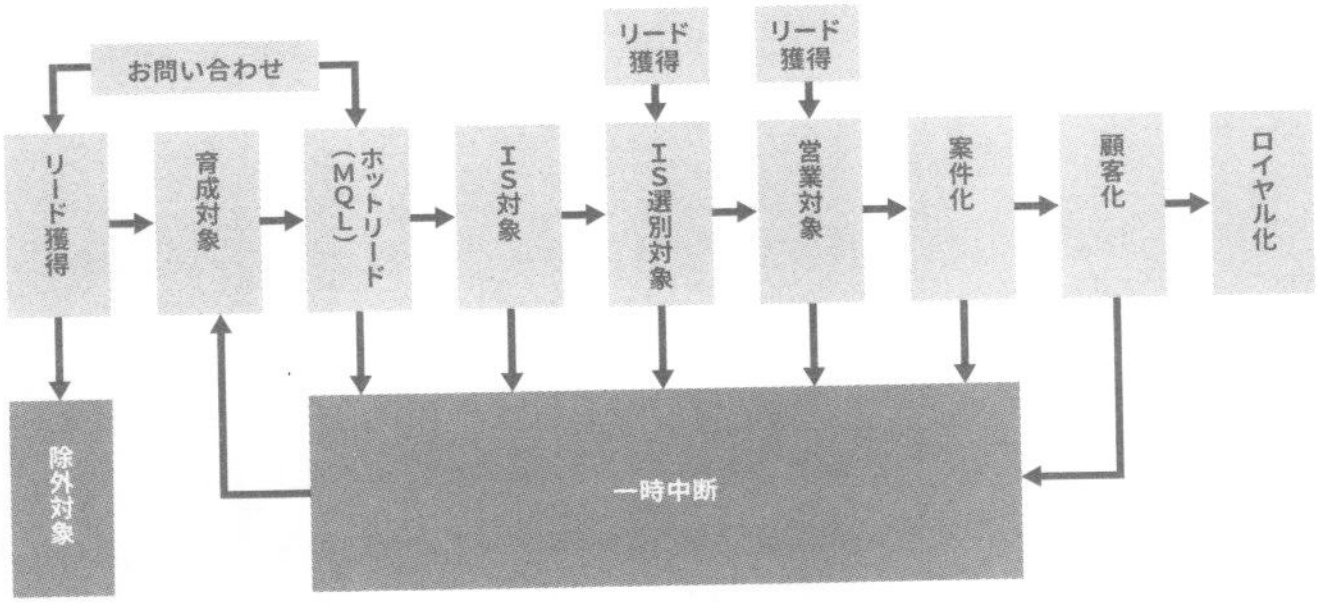

【図15. ロイヤルカスタマーに育てる場合】

当社の場合は、顧客化のあとは、コンサルティングチームが受け持つかたちをとっています。マーケティング、インサイドセールス、フィールドセールスは新規顧客開拓がミッションであり、コンサルティングチームは顧客をロイヤルカスタマーに育てていくことがミッションとなります（図15）。したがって、コンサルティングチームは、顧客がかかえるさまざまな課題に対する解決策を提供することになります。

ここで紹介したレベニューサイクルモデルのケースは非常にシンプルなものですが、自社の製品やサービスに合わせて、また、顧客の特性やニーズに合わせて、カスタマイズしていくとよいでしょう。

第6章

6階

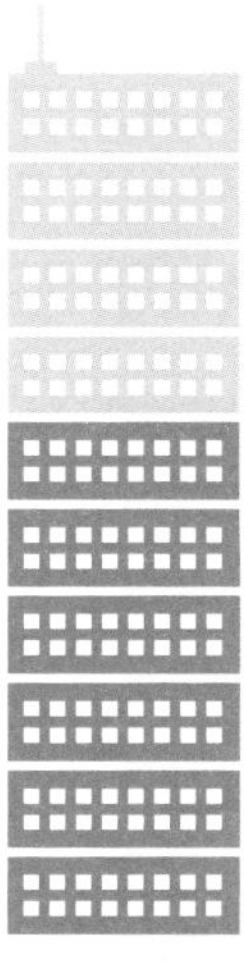

部門をつなぐ
コミュニケーション

強靭な鎖をつくるために

レベニューサイクルモデルのなかの、一つひとつのフェーズは「鎖の輪」だと考えられます（図16）。分業体制をとるうえでもっとも重要なのが、フェーズとフェーズのつなぎ目の部分です。つなぎ目が弱い鎖は、軽く引っ張るだけでかんたんに切れてしまいます。

このつなぎ目をどれだけ強靭にできるかが、レベニューサイクルモデルを構築するためのポイントになります。

レベニューサイクルモデルとよく似ているのが、サプライチェーンマネジメントです。サプライチェーンマネジメントとは、調達から製造、物流、販売までを一気通貫

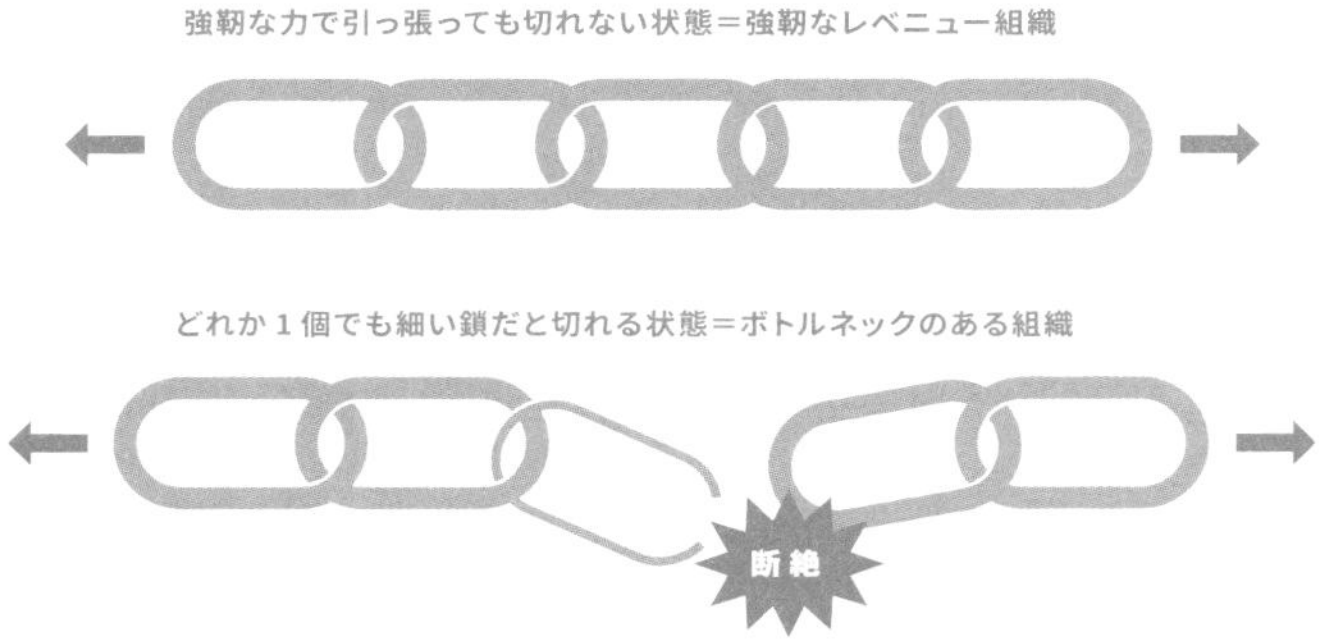
強靭な力で引っ張っても切れない状態＝強靭なレベニュー組織
どれか１個でも細い鎖だと切れる状態＝ボトルネックのある組織
断絶

【図16. レベニューサイクルモデルの「鎖の輪」】

でつなぐ考え方です。

「チェーン」という言葉に象徴されるように、一連の流れはすべてつながっているので、販売が減少すれば在庫を減らす必要がありますし、在庫を減らすためには製造量を減らす必要がありま す。さらに、製造量を減らすうえでは、原材料の調達も減らさなければ、結果として在庫になりま す。これらの調達から販売までをつなぐ鎖が強靭であれば、このような伝達が円滑におこなわれるのですが、鎖が弱く、断裂が起こっていると、需要は減っているのに調達や製造量が抑えられていないといった事態を引き起こし、大量の在庫を生みだしてしまいかねません。

たとえば、マーケティングがＭＱＬとしてインサイドセールスに渡したリードが、まったくＭＱＬではなかったので、そもそも鎖がつながっていなかったというケースが考えられます。また、マーケティングのＭＱＬの定義を、インサイドセールスが認めておらず受け付けないというケースもあるでしょう。このような事態は、各部門間で合意が取れていないことから起こります。

「ＭＱＬです」（マーケティング）
「どこがＭＱＬだ！　まったくＭＱＬじゃないじゃないか」（営業）

このようなやりとりは、残念なことに繰り返し起こることですが、あまり頻繁に発生するようでは、やがてマーケティングの信用低下につながります。そしてついに、だれもＭＱＬに営業しなくなったという事態を招きかねません。

たとえ、マーケティングが認めたリードに対して、インサイドセールスの鎖が仮につながっていたとしても、その定義やその内容に対してしっかりと理解されていない状態だと、インサイドセールスの鎖は細く、ちょっと引っ張るだけで、切れる可能性

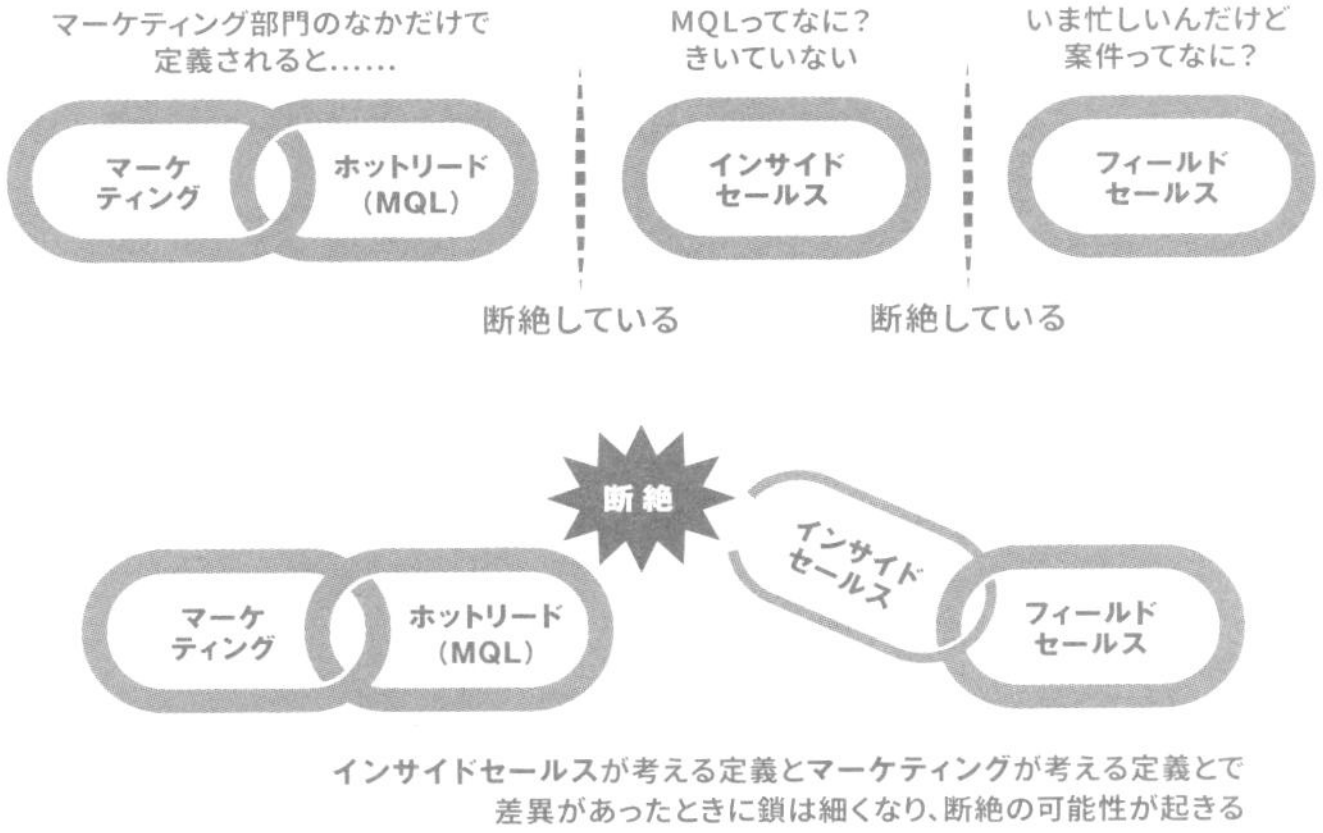
マーケティング部門のなかだけで
定義されると……
MQLってなに？
きいていない
いま忙しいんだけど
案件ってなに？
マーケ
ティング
ホットリード
（MQL）
インサイド
セールス
フィールド
セールス
断絶している
断絶している
断絶
マーケ
ティング
ホットリード
（MQL）
インサイド
セールス
フィールド
セールス
インサイドセールスが考える定義とマーケティングが考える定義とで
差異があったときに鎖は細くなり、断絶の可能性が起きる

【図17.「鎖の輪」が弱くなる例】

があります。どちらが太くてもだめで、ちょうどよい太さの鎖がしっかりとつながった状態を目指さなければ、断絶の可能性は高まるため注意が必要です（図17）。

マーケティングは水道の弁を握っている

マーケティングは、営業のリソースを管理する水道の蛇口の弁のような役割をはたしていると考えてみましょう。営業のリソースが逼迫しているなかで、蛇口の弁を全開で無理にＭＱＬを流しても、受ける側の営業の器の許容量があふれてしまって対応ができない事態となってしまいます。また、たとえ営業が受け入れていたとしても、ＭＱＬへの対応の質が悪くなってしまったり、営業の疲弊を招いてしまったりします。反対に、蛇口の弁を絞り込みすぎてしまうと、受ける側は枯渇状態が続くことになって、営業が商談できる相手が少なくなるということになります。

蛇口の弁を適切に調整するためには、鎖を太くして、各部署がしっかりと意識合わせをすることが重要となります。営業組織のリソースがあふれそうだというときは、蛇口の弁を締め、まだまだいけるぞ、というときは、蛇口の弁を開放する。このように水道の蛇口の弁のように開け閉めし、営業の状況に合わせたコントロールをするのもマーケティングの仕事ではないかと考えています。

組織が分業体制を構築していくうえでは、異なる組織間で受け渡しされるリードや案件の定義と数量を、明確に決めておく必要があるのです。部門間の意思疎通は最重要事項であり、水を無駄にあふれさせないためにも、ひとつの部門が一方的に基準を決めて、蛇口を全開にしてあとは知らないということがあってはいけません。

営業を腹ペコ状態にしておく

分業体制では、互いに異なる業務であり、異なる役割である以上、部門間の摩擦をゼロにすることはむずかしいといえるでしょう。したがって、摩擦は起こるものとして、それをいかに減らすかが重要になってきます。

とくに、レベニューサイクルモデルを検討する際に注意すべきなのは、営業が所有する顧客の棚卸です。棚卸をせずにレベニューサイクルモデルを構築しようとすると、営業は既存顧客をかかえながら対応することになるため、快く動いてくれないケースが多くなってしまいます。

その結果、分業だといいながら、営業にとっては追加業務にしかなっていない状態になってしまいます。マーケティングから急に「降って湧いてきた」顧客と、既存顧客とどちらが大事かという比較になってしまうのです。

単純に考えれば、これまで付き合いがあり、すぐに成果に結びつきそうな既存顧客を重視するのが営業です。いつもの好物を食べている営業に、突然、よくわからないものを食べろといっても、食指を伸ばさないのは当然なのです。

したがって、営業を腹ペコ状態にしてからでないと、分業体制を有効活用するのはむずかしいといえます。極端な話、営業の既存顧客を大胆に整理して、新規顧客を開拓しなければ成果がだせないような仕組みをつくらなければ、なかなかうまくはいかないでしょう。

当社がマーケティングに舵をきったときも、同様のことが起こりました。

ひとりの営業が、既存顧客のフォローと新規顧客開拓を同時におこなった結果、新規顧客開拓より既存顧客のフォローが優先されてしまったのです。売上実績で評価される営業が、近視眼的に動くのはやむを得ないところで、新規顧客も同等に扱えといっても、会社の思うようにはいきません。

そこで当社は、新規顧客開拓の営業部隊（セールスマーケティングチーム）と、既存顧客をフォローする部隊（コンサルティングチーム）を完全に分割しました。セールスマーケティングチームの部隊の営業は、途端に腹ペコ状態になります。腹ペコになった瞬間に、マーケティングが提供する顧客情報がご馳走にみえるようになったのです。

マーケティングのMQLをご馳走にできるか

営業を腹ペコにするには、四つの方法しかありません。

1．売上目標を引きあげる
2．営業人数を増やす
3．顧客を引き剥がす
4．営業業務を分割する

このうち、売上目標を引きあげるだけだと営業からは抗議の声があがります。

営業の質の低下につながったり、業務からの離脱者が増えたり、ただでさえ忙しいのにこれ以上負担を強いられることになるのでモチベーションも低下してしまいかねません。

売り上げアップを目指すための選択肢としてわかりやすいのは、営業人員を増やすことです。

しかし、そうかんたんに人員を増やせるならば、とっくに実施しているという思いはどこの会社でも一緒でしょう。また、営業人員を増やしたからといって、その人数に見合ったはたらきができるかどうかは未知数なので、ますます安易に実施するわけにはいきません。

したがって、前述のように新規営業部隊をべつにつくることも有効ですし、営業から顧客を引き剥がすことでも効果をあげます。

法人営業には「20：80の法則」があるといわれています。2割の顧客が全社の売り上げの8割の実績を生みだしている、という状態を指すものですが、その2割の顧客とは、すでに継続的な案件が生まれる関係が確立されていることが多く、いわゆるハイタッチな営業（直接的に手厚くフォローしている営業体制）が成立しています。

しかし、残りの8割の顧客については、上位2割の顧客とくらべて取引量が少ない状態となっています。結果的に営業のフォロー体制も少なく、だから売り上げが少なくなっている可能性もあります。そこで、これらの顧客企業に対しては、属人的な営業スタイルを停止し、マーケティングがその8割の顧客に対して、アプローチを受け持つというかたちにするのもひとつのアイデアとなるでしょう。

営業は8割の顧客を手放すことになるので、急に腹ペコ状態になります。こうして、マーケティングから提供されるＭＱＬを、営業が心待ちにする状況をつくっていきます。

営業が「マーケティングはなにもわかっていない」と反感を覚えるか、反対に「マーケティングが提供するＭＱＬはご馳走だ」と感謝されるかは、やり方次第で変わってきます。

ＫＳＦツリーからマーケティング戦略を考える

ＫＳＦとは「Ｋｅｙ Ｓｕｃｃｅｓｓ Ｆａｃｔｏｒ」の略で、成功となる重要な要因をツリー上に表現したものがＫＳＦツリーです。成功するためには、要因があり、さらにその要因を分解し、その要因に対して実行することで成功へとつなげる考え方です。

マーケティングが「なぜ営業に受け入れられないのか」という問題に直面するとき、営業の目標に対して、マーケティングの目標と一致していないことがその問題の要因となっていることが多いのではないかと考えています。

マーケティングを機能させるためには、営業の協力が必然といいますが、本来であれば、それは逆にならないといけません。営業の成功のためにはマーケティングの協

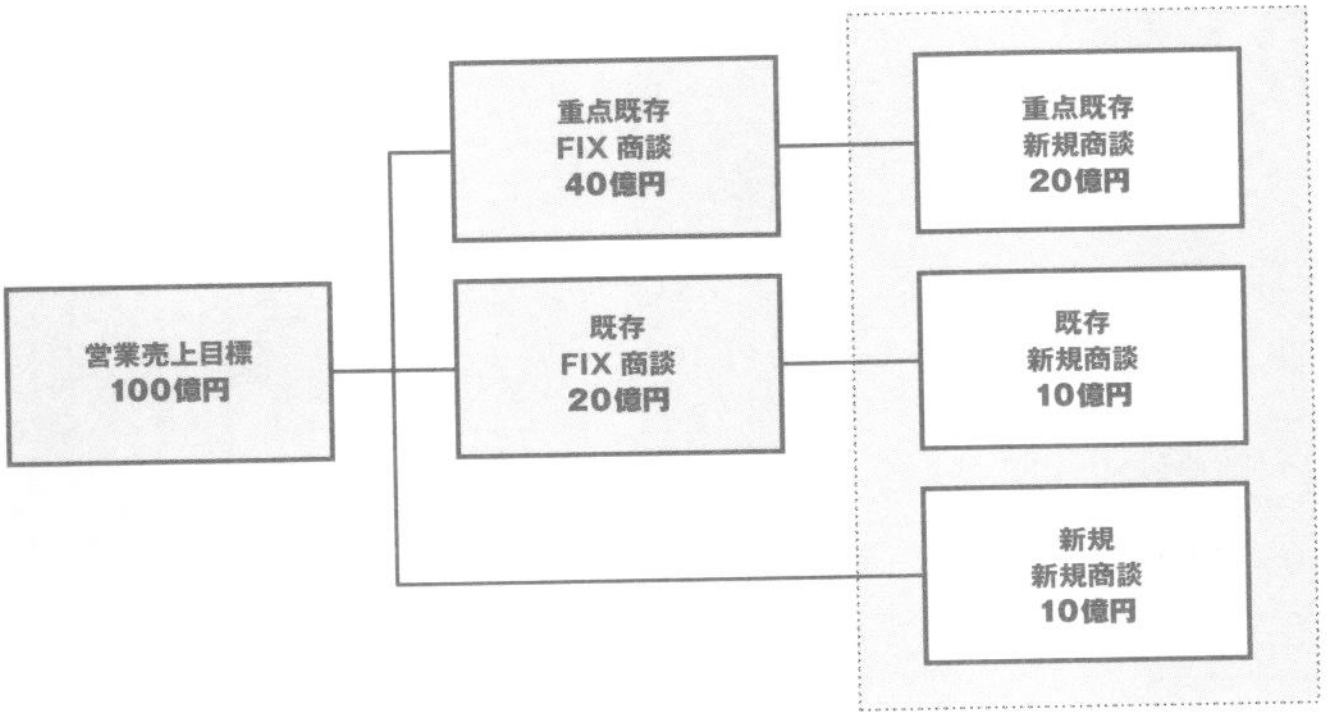

【図18.マーケティングが支援すべき要因】

力が必然となることこそが、マーケティングが機能する瞬間ではないでしょうか。

つまり、マーケティングの目標は、営業のKSFの一貫であり、営業の目標達成のためには、マーケティングの目標達成がない限り達成しえない。ここまでくると、マーケティングの重要性はクローズアップされるはずですし、否が応でも、営業もMQLに興味をもつことでしょう。

たとえば図18のように営業の最上位の目標が100億円だった場合、それを分解していくことで100億円を構成する要因が必ず発生します。それらの要因のなかで、マーケティングがサポートしていくべきところはどこかを探り、さらに、その要因に対して因数分解をおこない、マーケティングの役割を明確にすることが重要となります。新規顧客企業より新規商談を10億円つくりだすためには、何件の商談が必要なのか？ その商談を創造するためには、何件のMQLが必要となるのか？ というかたちでKSFツリーを完成させて、計画のなかにマーケティングの要素を加えることが手っ取り早い方法といえるでしょう。

なにをもってMQLとするのか

マーケティング視点のMQLの定義は、次のような「顧客の行動」によってMQLと判断している場合が多くなります。

問い合わせをしてきたからMQLだ

ウェブサイトの資料をダウンロードしたからMQLだ展示会で質問をしたからMQLだ

たしかに、顧客の行動としてはMQLにふさわしいものの、営業の視点からすると、自社の製品やサービスが顧客にマッチするのかどうかという問題が残ります。つまり、マーケティング視点でみた顧客の行動と、営業視点からみた顧客のフィット感の度合いの「掛け合わせ」が重要になるのです。

マーケティングからみれば十分な行動を満たしていても、その見込客が会社の顧客になれる条件を満たしているかどうかはわかりません。

たとえば、営業が大企業の見込客をターゲットとしているのに、中小企業の見込客がホットな行動をしたとしても、おおきな商売につながる見込みは低いのです。たとえ、購入にいたったとしても、営業からは「この顧客は長続きしない」と判断できるケースもあるでしょう。

「マーケティングは顧客の行動をみていて、営業は顧客のフィット感をみている」という視点のバラつきを解決するのは、ターゲティングの設定です。両者の視点をターゲティングで擦り合わせて、顧客像をセグメントしていく必要があるのです。

アカウントベースドマーケティングで攻める

ターゲティングには、おもに二つの方法があります。

ひとつは、企業をバイネームで指定する「アカウントベースドマーケティング（ABM）」です。アカウントベースとは、企業をターゲットとしたマーケティング活動であり、バイネームとは企業を名指しで指定することを意味します。

たとえば「○○社と取引したい」といったように、企業を具体的に名指しでピックアップします。

ＡＢＭには、ターゲティングが明確になるというメリットがあります。たとえば「東南自動車株式会社」という会社をターゲットとして定めた場合に、その企業の解像度が明らかになり、どのように攻めればいいかの検討がしやすくなります。企業を名指しすることで、ターゲットに対して具体的になにをすればいいかがみえやすくなるのです。

アカウントベースドマーケティングが向いているケースには、次のような企業を対象とすることが考えられます。

・大手企業Ａをターゲットにする場合＝購買関与者の人数が多い場合

大手電器製品メーカーＡ社のエンジニア部門がターゲット。Ａ社にはエンジニアが１０００人単位で所属しているので、１社だけでひとつのマーケットに相当する。したがって、１社の関与者を攻めるだけでマーケティングが機能する。１社あたりの購買関与者が多い場合は、ＡＢＭに向いている。

・大手企業の系列企業Bをターゲットにする場合＝グループ企業を攻めたい場合

自動車など傘下の系列企業が多い場合、まず系列企業のB社を押さえ、その実績をもとに、ほかの系列企業へのアプローチの足がかりとする。系列をグルーピングしてアプローチする場合、ＡＢＭの手法が活かされる。

・支店、支社、工場などの拠点が多いC社をターゲットにする場合＝各所に購買関与者が点在している場合

ファクトリーオートメーション（ＦＡ）業界のセンサーメーカーC社は、工場ごとに生産技術者が存在する。各所に散らばっている購買関与者へアプローチするのは非効率であるため、ＡＢＭを解決手段とする。

・すでにマーケットシェアが高く、新規顧客を攻めることが少ない場合

マーケットシェアが高く、既存顧客企業ごとのシェアを向上させていくことが重要となっている場合において、ＡＢＭは有効となる。なぜなら、すでに企業が顧客であるという前提にあるため、むしろ、広く浅くよりもひとつの企業に対して、深掘りしていくほうが有効だからだ。

・営業リソースが少なく、取引基準が明確な場合

営業リソースが少ない場合、LTVの観点から、より一層取引基準は重要となる。「一度付き合いができたものの、うまく拡販につなげることはできなかった」「展示会に出展し、多くのリードを獲得できたものの、明らかに対象ではなかった」など、営業リソースが少なく、なおかつ、とくにどのような会社と取り引きしたいかが明確でない場合は、ムダも多くなる。そこでABMを導入し、攻略すべき顧客企業を決定していくことが有効となる。

・新たなマーケットを攻略したい場合

ある業界に売り込む商材があり、業界でのシェアを拡大したいと考えている。そのマーケットにおいてリーダーポジションの200社をまずは攻略し、その事例を次の階層のポジションに展開していくことで、マーケットに拡大していきたいと考えている場合、ABMが効果を発揮する。

このように、アプローチすべき企業が明確にあり、バイネームで抽出できる状態であるならば、ＡＢＭに取り組むと可能性が広がります。

当社の場合は、売り上げ１０００億円以上の企業を「エンタープライズ企業」と定義し、そのなかからさらに目検で約６００社を抽出して、ターゲット企業と定めています。また、５００億円から１０００億円未満の企業を「ミッドエンタープライズ企業」と定義し、これらを第二のターゲット企業と位置づけてアプローチしています。

当然ながら、ターゲットが異なれば買い方も異なり、ニーズも異なります。したがって、バリュープロポジションの訴求も変わってきます。そこでアカウントベースドマーケティングを利用して、バイネームで攻略先に対してアプローチしているのです。

ペルソナにスコアを配分する

ターゲティングの二つの方法のうちの、もうひとつは「グレード」とよばれています。状況によっては「グレーディング」とも「デモグラフィックススコア」ともよばれます。

グレードとは、属性に対してスコアを配分する手法で、最上位のペルソナ像から検討するケースが一般的です。

たとえば「役職が経営者であれば、スコアは『+10』とし、そのほかの役職であればスコアを加算しない」「職種や業種、売り上げのセグメントなどによって、スコアの加算を決めていく」といった方法がとられます。

また、スコアのマックス値から5分割してグレード（S・A・B・C・D）を決めるというやり方もあります。

いずれの手法でも、ターゲット企業はつねに変わっていくので、メンテナンスの検討は必須事項です。はやいところでは毎月のようにターゲット企業が変わるところもあります。メンテナンスには正確な情報を獲得することも重要です。グレードでは、情報がないとスコアの付与ができないからです。

グレードによって「顧客はだれか？」を明確に定義しなければ、重要なプレーヤーがだれなのかわかりません。営業とマーケティング双方が納得できるペルソナ像をみつけていくことが大切なのです。

MQLを見極める

ここまで何度も「MQL」という言葉が登場しましたが、その意味について、あらためて考えてみましょう。

「自社の製品やサービスにフィットしている」
「マーケティング施策にレスポンスがある」
「営業がアプローチすべきタイミングがきている」

これらの要素が掛け合わされた顧客が、真のMQLだと考えられます。
たとえば、ターゲットではない顧客が自社のウェビナーに参加したとしても、営業としてはフィット感が薄く、アプローチをしたいとは思わないでしょう。しかし「潜在的な顧客になるはずだ」と思っていた企業がウェビナーに参加してきたら、まさにＭＱＬだといえるはずです。

ターゲット企業をＳ・Ａ・Ｂ・Ｃ・Ｄの５段階でグレーディングしている企業の場合は、たとえば「グレードＳの顧客は、少ない行動スコアでもＭＱＬとみなす」というやり方が考えられます。反対に、グレードＤの顧客はグレードＳの顧客よりも多くの行動がみられない限り、ＭＱＬとはみなされないようになります。

いずれにしても、ＭＱＬになったタイミングが営業へのバトンタッチのタイミングです。もちろん営業のリソースの問題はありますが、マーケティングとしては、グレードと顧客の行動の見極めが重要となります。

ＭＱＬというバトンを受け渡す

営業のリソースは、逼迫したり、余ったりを繰り返しています。逼迫している時期にＭＱＬを引き渡したところで、対処がおろそかになってしまうため、ホットがホットではなくなり在庫の山を築いてしまいます。

マーケティングは、「ＭＱＬがですぎていて、後続のインサイドセールスやフィールドセールスが対応できていない」と感じた場合は、量は少なくても質の高い顧客を創出することに専念しなければなりません。営業が俊敏にアプローチできる体制を整えておく必要があるのです。

さらに、マーケティングから営業にバトンを引き継ぐときは、まるでリレーのように歩調を合わせることが求められます。
第一走者のマーケティングが第二走者の営業にバトンを渡そうと全力で走っていても、営業のスピードが十分にあがっていなければバトンを落としてしまいます。営業の走るスピードを確認しながら、丁寧にバトンを渡すべきなのです。

もちろん、マーケティングと営業の間にインサイドセールスが存在する場合は、走者がひとり増えることになります。マーケティングからインサイドセールス、そしてフィールド営業という順でバトンを渡すので、速度調整はより丁寧になるでしょう。先述の例でいえば、インサイドセールスは第二の蛇口の弁を握っていることになります。

たとえば、契約までに１０００メートルを走る必要がある場合、インサイドセールスが存在すれば、各走者は単純計算で約３３３メートルを受け持つことになります。しかし、インサイドセールスがいなければ、マーケティングと営業とで各５００メートルを走ります。

これは、あくまで単純計算の分担でしかないので、ときには、マーケティングが200メートルを走り、営業が800メートルを走らなければならない場面もあるはずです。

営業が疲弊してしまわないように、走者を調整して、バトンの受け渡しの精度をあげていく必要があるでしょう。

第7章

7階

営業の風土改革と専任化、分業化

穴に埋めたままにさせない

ある上場企業の社長から、当社は次のような相談をうけたことがあります。

「ウチの営業は商談が失注すると、穴に埋めて隠そうとするんだよ。そうさせないためには、どうしたらいいかな」

私はその言葉をきいて、社会人1年目のときに先輩からいわれたアドバイスを思い出しました。

「うちの会社はなあ、案件は最後まで隠しておかないといけない。失注したときの評価は半端なく印象が悪いからな」

大企業でも中小企業でも、このようなことは少なくないと思います。営業の仕事をしている限り、失注がゼロになることはありません。それを知られたくないという気持ちも理解ができます。

したがって、ここでの問題は「なぜ商談が隠せる状態になっているのか」という点なのだと思います。


本来、商談や案件というものは、顧客からの引き合いではない限り「案件の種」からはじまります。その種を、会社が管理できていないので、営業はこっそり埋めたまま隠してしまうことができるのです。

種を埋めて、きちんと水をやって芽をださせ、どんどん育ててやがては実を結ばせるという一連の作業は、営業がおこなうことがほとんどです。会社側は、芽がでた時点からは目視で確認ができますが、どんな種が埋められているかは、目にみえないので任せきりにしてしまうのです。

営業の風土改革とパイプラインマネジメント

このような状況を打破するには、営業の風土改革と「パイプラインマネジメント」が必要になります。

営業の風土改革というのは、正直なところひと筋縄ではいきません。もっとも重要なのは、営業マネジャーの意識改革なのですが、たとえば、失注すると「キレる」マネジャーがいたりすると最悪です。このようなマネジャーの管理下では、営業はますます堅実な商談や案件しか共有しないというスタンスになってしまいます。

マネジャーの目にはみえていない失注が多くなり、やがてジリジリと売り上げが落ちていくことでしょう。

このようなマネジャーが高く評価しがちなのは「おおきな売り上げがあがる案件を、突如として報告してくれる営業パーソン」です。しかし、マネジャーのあるべき役割は、このような隠し球をもっている営業パーソンを称賛するのではなく「プロセスを包み隠さず共有する姿勢」や「共有化されたプロセスをできる限り進捗させる能力」をもっている営業パーソンなのです。

そうすることで、マネジャーは営業情報を共有する文化を醸成することができますし、それらの情報をもとに営業力を底上げすることができるので、会社の売り上げ向上におおきく貢献することができるはずです。

つまり、勝った負けたで一喜一憂することにパワーを使うのではなく、商談の受注までのプロセスにパワーを注ぐことができる風土づくりが重要なのだといえます。

このようなプロセスの管理をパイプラインマネジメントとよびます。失注した要因を把握するためにも、パイプラインマネジメントは効果を発揮します。

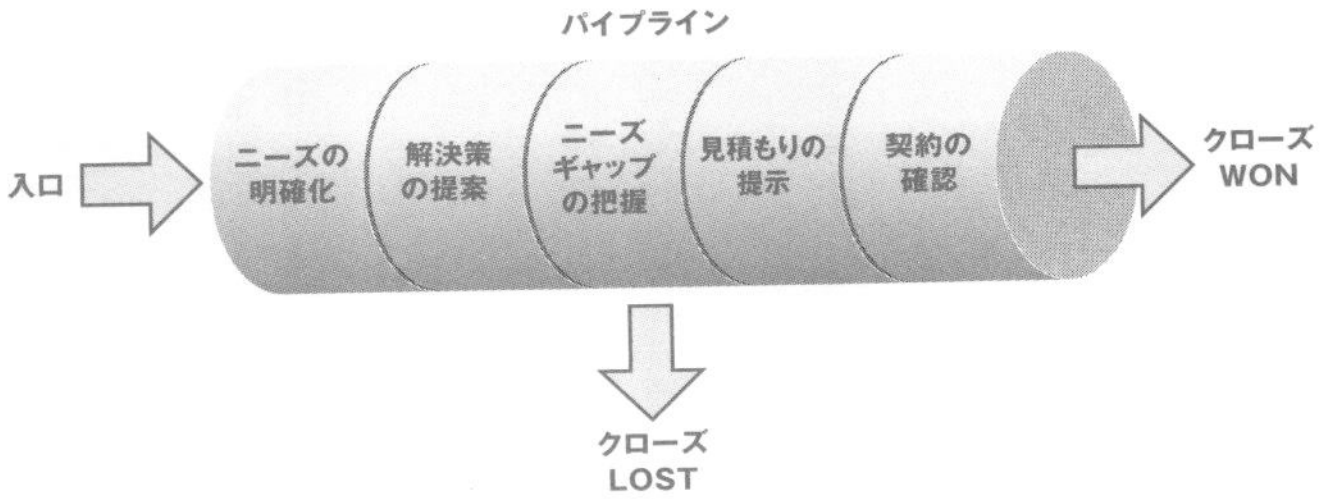

【図19. パイプラインマネジメント】

パイプラインとは、文字通り土管をつなげたものを意味します。土管のように入口と出口があり、案件がはいってからでるまでの工程を管理するのがパイプラインマネジメントです。

入口は商談が発生したタイミングであり、出口は受注か失注のどちらかです。途中で案件が消失したり、埋もれたりすることはあってはなりません。

パイプラインをしっかりと管理できている会社は、意外と少ないものです。案件が進捗することなく、パイプのなかで詰まったまま1年、2年と放置されてしまっているケースはその典型だといえるでしょう。案件を渋滞させることなく、スムーズな流れとなるよう管理するのがパイプラインマネジメントなのです(図19)。

「商談とはなにか」を定義する

パイプラインの入口となる「商談のスタート」には明確な定義が必要です。

商談のスタートは、基本的には営業に案件が引き渡されるタイミングですが「そもそもこれは商談なのか？」と営業側が疑問に感じるケースは少なくありません。

先述した、マーケティングと営業が「MQLかどうか」で揉めてしまうのと同様に、インサイドセールスが「これは商談です」といって渡した案件に対して、営業は「こんなの商談じゃない。ただアポイントを取っただけだ」となってしまうのです。

「商談とはなにか」を曖昧にせず、はっきりと定義できていれば、営業はスタート時点から精度をあげていくことができます。そのためには、インサイドセールスは営業に対して、しっかりと「これは商談である」と保証する必要があります。

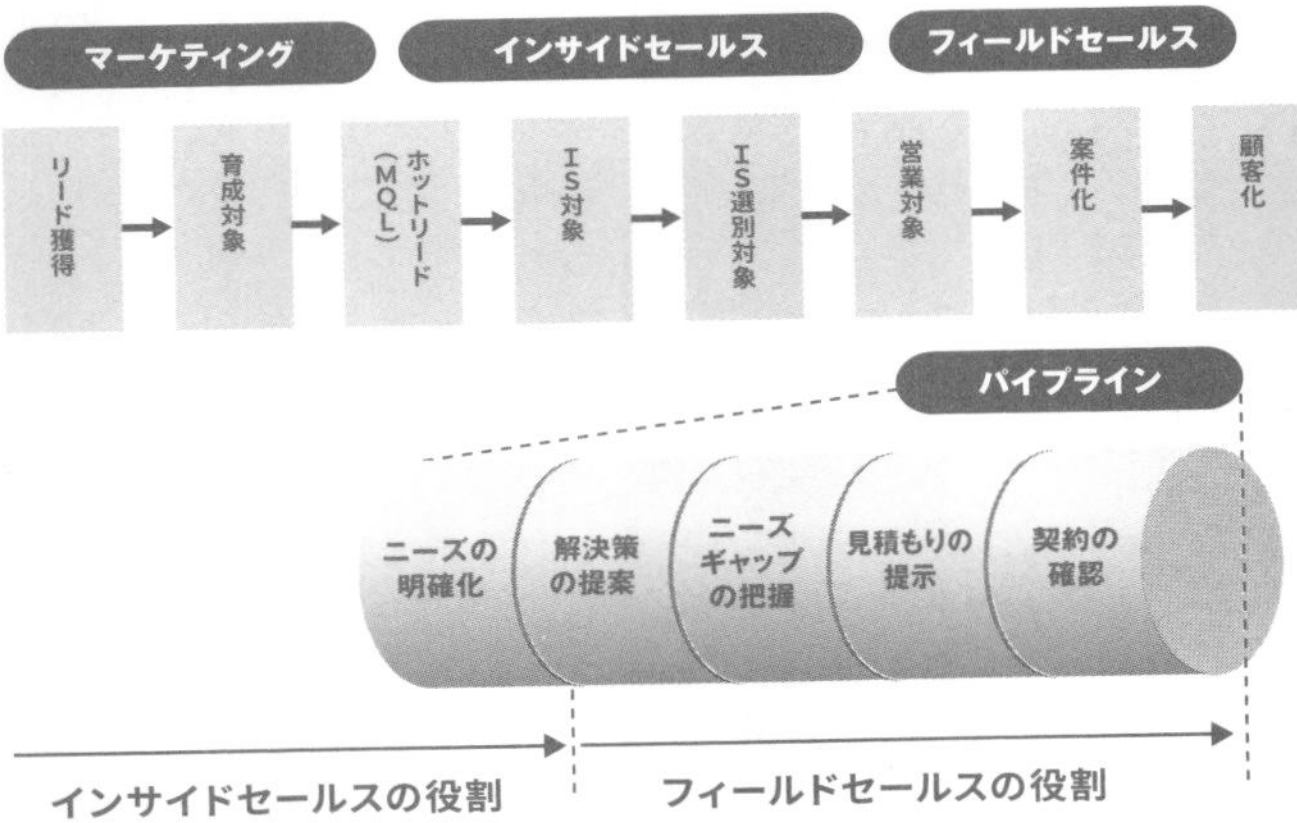

【図20. パイプラインの入口に立った状態で営業に引渡す】

パイプラインが生成されたことで、営業への引き渡しが完了したことを明確に表すことができます。このとき、レベニューサイクルモデルのフェーズとパイプラインの関係性は図20のようになります。

当社の事例を紹介すると、インサイドセールスが立ち上がった当初は、とにかくアポイントが取れた時点で、商談として営業に引き渡されるケースが多発していました。しかし、忙しい営業はそれらのアポイントを有効に活かすことができず、すぐに失注となってしまうことが続きます。

それぞれの立場からは「インサイドセールスはなぜもう少し深く顧客にアプローチしておいてくれないんだ」「いやいや、営業はなんで商談のチャンスをものにできないんだ」という不満がくすぶっていました。

これは、商談の定義が定まっていないことから起こった問題です。

当社では解決策として、すべて営業の商談にインサイドセールスを立ち会わせるという取り組みを1年にわたって続けました。さらに、この取り組みのなかでは、どのような商談が先に進むのか、どのような商談が頓挫するのかについて、営業とインサイドセールスとの間で議論する場を設けたのです。

そこから「課題が顕在化しており、明らかに課題を解決したいニーズが6か月先にある状態」=「ニーズの明確化」こそが商談の入口となるという回答が得られました。もう少し具体的にいうならば、「当社が解決できるニーズか?」「ひとりの考え方ではなく会社のニーズか?」「ニーズを解決したいタイミングが明確か?」が指標となりました。これらがぼんやりしていたり、進め方が不明瞭であったり、半年以上先になるものは、商談にはなりません。

要するに、商談のスタートとは、顧客の側が自分たちのかかえている問題に気づき、その問題を解決するために具体的な提案をきいてみたいというニーズが生まれ、かつ、6か月先に受注できる可能性のある状態を指します。

この取り組みによって、マーケティングやインサイドセールスの担う役割は、商談化されるまでの間、顧客との信頼関係を構築すると同時に、顧客の潜在的な問題を引きだすことや、コンテンツを仕込んでいくべきことだと明確になったのです。

インサイドセールスと営業が商談の定義を共有することで、パイプラインの入口を強固なものにすることができたといえるでしょう。

その商談の生死を確認する

商談の管理とは「生き物」を飼っているようなものです。

受注予定日がとうにすぎているのに、いまだステージが受注にいたっていない商談などはざらにありますが、これは、その商談が生きているのか死んでいるのかがわからなくなっているからです。生死もわからないようでは、管理のしようがありません。そのため、まずはその商談の安否確認からはじめる必要があります。その商談は生きているのか死んでいるのか、生きているのであればよし、死にそうな商談であれば救命のための対策を考えます。

死にそうになっている商談において、よくみられるのは次の五つのケースです。

1．受注予定日が幾度となく更新され、日付が後ろ後ろへと更新されていく「スリップ現象」を起こしている

2．ほかの商談にくらべて、あるステージの停滞日数が長く、放置されている

3．商談に対する営業活動の痕跡がいっさいない

4．商談のステージがいつの間にか逆流している

5．商談の確度がはじめは高く、徐々に低下している

営業マネジャーはこの五つの状態になっていないかを確認し、商談の生死をしっかりと管理していくだけでも、売り上げアップを見込むことが可能となります。マネジャーがこれらのポイントを強調することによって、営業も更新すべきポイントが明確になってきます。

死にそうになっているからと慌てて、衝動的な管理をするのではなく、どこがリスクになっているのかをしっかり把握したマネジメントに切り替えていくことが重要です。

専任化のために業務を「剥がす」

先述したように、集客や醸成までの接点の維持はマーケティングが担います。見込客との円滑な関係構築やニーズを把握するのはインサイドセールスの役割です。営業はそれを引き継いで商談のパイプラインを管理し、受注までもっていきます。会社によっては、受注後のデリバリーやサポートを、カスタマーサクセスやカスタマーサポートとよばれる部署が担う場合もあるでしょう。

これらの一連の流れを通じて、効果を発揮するのが「専任化」と「分業化」です。分業化については、これまでにも紹介をしてきましたが、前提として専任化ができていなければ、分業化は破綻すると私は考えています。

専任化とは、それまでかかえていたさまざまな仕事を「剥がす」ことからはじまります。

分業化が進むと、顧客にとっては窓口が複数存在することになります。顧客が面倒だと感じることを恐れて、営業はついつい窓口を一本化したがる傾向がみられますが、これでは分業化は進みません。営業があれもこれも対応することになるので、当然、専任化も進展しないでしょう。営業から、営業がやるべき業務以外を剥がしていくことが、最初のステップになるのです。

重要なのは、組織の各部門がそれぞれなにをすべきかを明確にして「それしか仕事がない状態」をつくりだすことです。やることがそれしかないとなれば、危機感をもたせることができますし、プロフェッショナルであるという意識も生まれます。

さらに、顧客に対する責任の所在が明らかになることも、おおきなメリットになっていきます。

このとき注意すべきなのは、それぞれの専門性が高まるので情報格差が生まれやすいという問題です。出し惜しみをする文化をなくし、情報は必ず共有するという仕組みをあらかじめつくっておくことが必須といえるでしょう。情報を提供すればするほど、各部門の精度が高まって、総合的に成果があがることが全員理解できている状態が理想的だといえます。

一方で、分業化は縦割りになる可能性もはらんでいます。当社でもそうした風潮は少なからず生まれました。その縦割りを解消する方法は、「お客様視点」です。結局縦割りは、顧客ではなく自社の論理でしかみられていない証拠です。顧客を中心にし、顧客の状況に合わせて各部門の役割や機能が明確になることで、顧客に対する対応もより品質があがることでしょう。そして顧客というバトンを引き継ぐことで、縦割りは解消されるはずです。

当社でもそのような事態になるたびに、顧客に対してどうすればよりよい価値を提供できるのかを検討しています。その結果、レベニューサイクルモデルを幾度となくやり直したり、MQLの定義を改編したりしています。

改編のたびに、マーケティング担当者だけでなく、インサイドセールスや営業メンバーとともに、時間をかけて対話を重ねながら構築しました。レベニューサイクルモデルは、分業体制のあるべき姿を目指して、必要に応じて何度でも構築するべきものなのです。

第8章

8階

マーケティングの目的、役割、効果

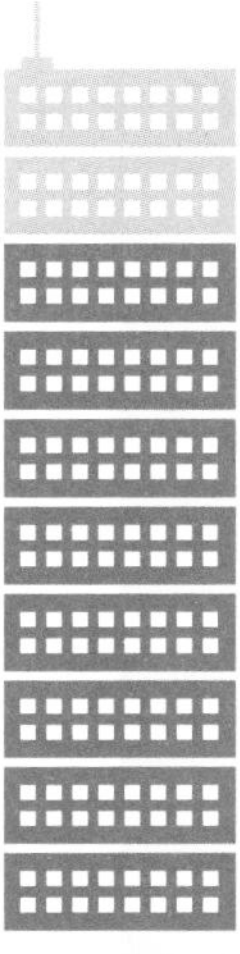

マーケティングの種別を整理する

ＢｔｏＢマーケティングの手段は、意外と限られています。

大規模な展示会への出展や、企業のウェブサイトなどが代表的な例ですが、ほかにも、ウェブフォームや、ウェブ広告、ウェビナー、カンファレンス、プライベートイベントなどをあげることができるでしょう。

このようなマーケティング手段のことを「マーケティングチャネル」とよびます。

ここまで本書では、コンテンツのあり方に重点をおいて紹介をしてきましたが、そのコンテンツを「どのように届けるのか」が、この章のテーマとなります。

本来、マーケティングチャネルの目的は明確であるはずです。

ところが、コンテンツを届けるという過程で目的が曖昧になり「なぜこの施策を実施するのか」が不明瞭になってしまうことが多々あります。たとえば展示会に出展するのは、新たな顧客を発掘することが目的であるはずなのに、きれいなブースをつくることが目的になってしまったり、ウェブサイトをリニューアルすることで問い合わせを増やしたり、顧客とのコミュニケーションを活性化することが目的なのに、リニューアルをすること自体が目的になってしまったりするのは、その典型だといえるでしょう。

マーケティングチャネルの目的を見失わないために

たとえば、大規模な展示会へ出展するには、出展費や装飾費、運営費などを考えると、軽く1000万円程度のお金が飛んでいきます。マーケティング予算として比較的おおきなものであるにもかかわらず、その後どれだけ売り上げに貢献できたのかがわからないのでは、マーケティングチャネルとして、機能しているとはいえません。

なぜ機能していないのかというと、展示会のブースを訪れてくれた大勢の名刺が活かされていないからです。名刺を集めたまではいいのですが、マーケティングがそれを有効なデータとして整理せず、そのまま営業に渡しているケースが多いことは先述したとおりです。

また、顧客がブースを訪れたタイミングは、必ずしも購入を考えているタイミングであるとは限りません。自社にフィットする顧客が名刺を置いていってくれたので、営業が早速アプローチをかけたとしても、タイミングによってはミスマッチが発生してしまいます。

だからこそ、展示会に出展する「目的はなにか」をしっかりと考える必要があるのです。マーケティングの視点から考えると、展示会というチャネルは即商談の場にはなり得ません。展示会はあくまでも、新たな見込客の獲得が目的な場合が多いものです。

見込客の情報の獲得がおもな目的ならば「展示会に参加したけれど直接受注につながらなかった」という結論にはならないでしょう。展示会を契機とすることで、これからどれだけ新たなMQLがつくれるか、どれだけ売り上げにつながったのかが勝負になるのです。

マーケティングの効果を測る

マーケティングの目的が決まれば、次は、顧客にとってどのチャネルが有効か、また、どのタイミングが最適かを検討していきます。

当社が開催するウェビナーを例にして紹介しましょう。

先述したとおり、顧客の購買決定までには次のようなステージが存在します。

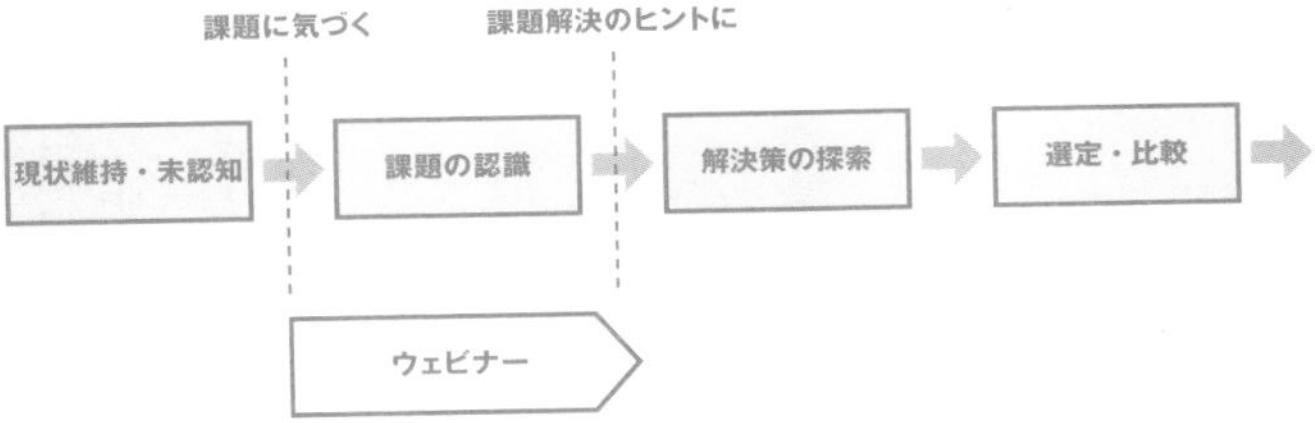

【図21. ウェビナーを通じて顧客の態度が変わることが目的】

当社のウェビナーの場合は、潜在層より顕在層向けなので、顧客の買い方のステージでいうと「現状維持・未認知→課題の認識」のタイミングで実施するのが最適となります。

また、ウェビナーの目的は、課題認識をさせると同時に、顧客にとって解決策のヒントになり、それを検討するときに当社をノミネートしてもらう（あるいは当社に相談を寄せてもらう）ことです（図21）。

チャネルの効果測定

目的が決定したらウェビナーの実施は、次のようない

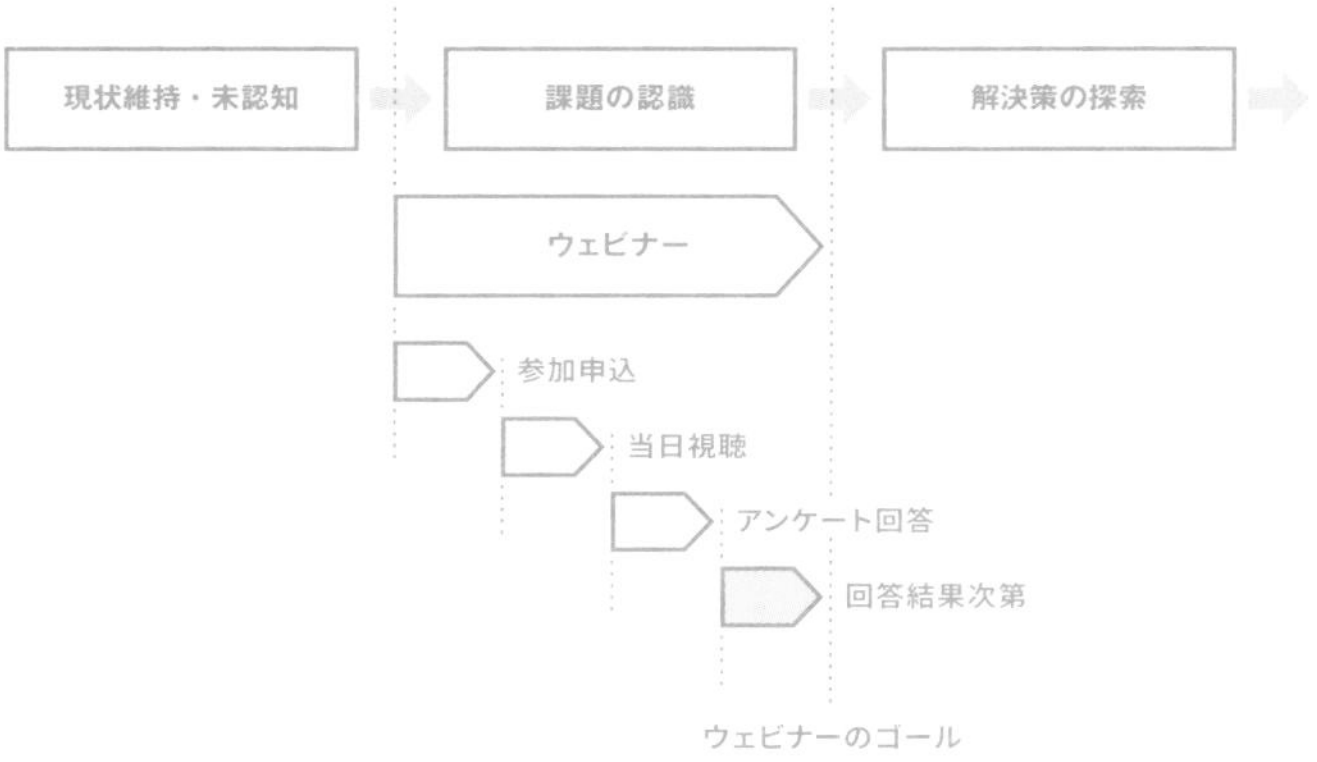

【図22. ウェビナー実施の工程】

くつかの工程に分解されます（図22）。

ウェビナーのコンテンツをつくり、集客を促進し、参加のためのフォームに申し込んでもらい、開催当日、視聴してもらう。そして参加者のなかからアンケートに答えてもらい、回答の結果をみて、顧客の買い方のステップを見極める。

このような工程によって、マーケティングの効果を測ることが可能になります。

たとえばウェビナーAの場合、参加申込は85名、当日視聴が75名、アンケート回答者は42名でした。回答のなかで「課題の認識→解決策の探索」までステップが進むべき参加者は21名であることがわかりました。

次にウェビナーBの場合、参加申込は37名、当日視聴は32名、アンケート回答者は28名でした。そのなかで「課題の認識→解決策の探索」までステップを進めるべき参加者は23名であることがわかりました。

申込者の数でいえばウェビナーAのほうが多いものの、アンケート回答者のステップまで進んだ数でいうとウェビナーBのほうが多いことがわかりました。つまり、ウェビナーBの集客を増やし、母集団の数を増やしていくことに注力することが、今回のマーケティングチャネルでは有効であることが測れるのです。

このように、各チャネルごとに目的やゴールを設定することで、チャネルの効果測定を実施することが可能となります。効果測定については、おおきく三つの測定方法があります（図23）。

一つ目は、ファーストタッチモデルです。見込客ごとに、必ず「リードソース」と

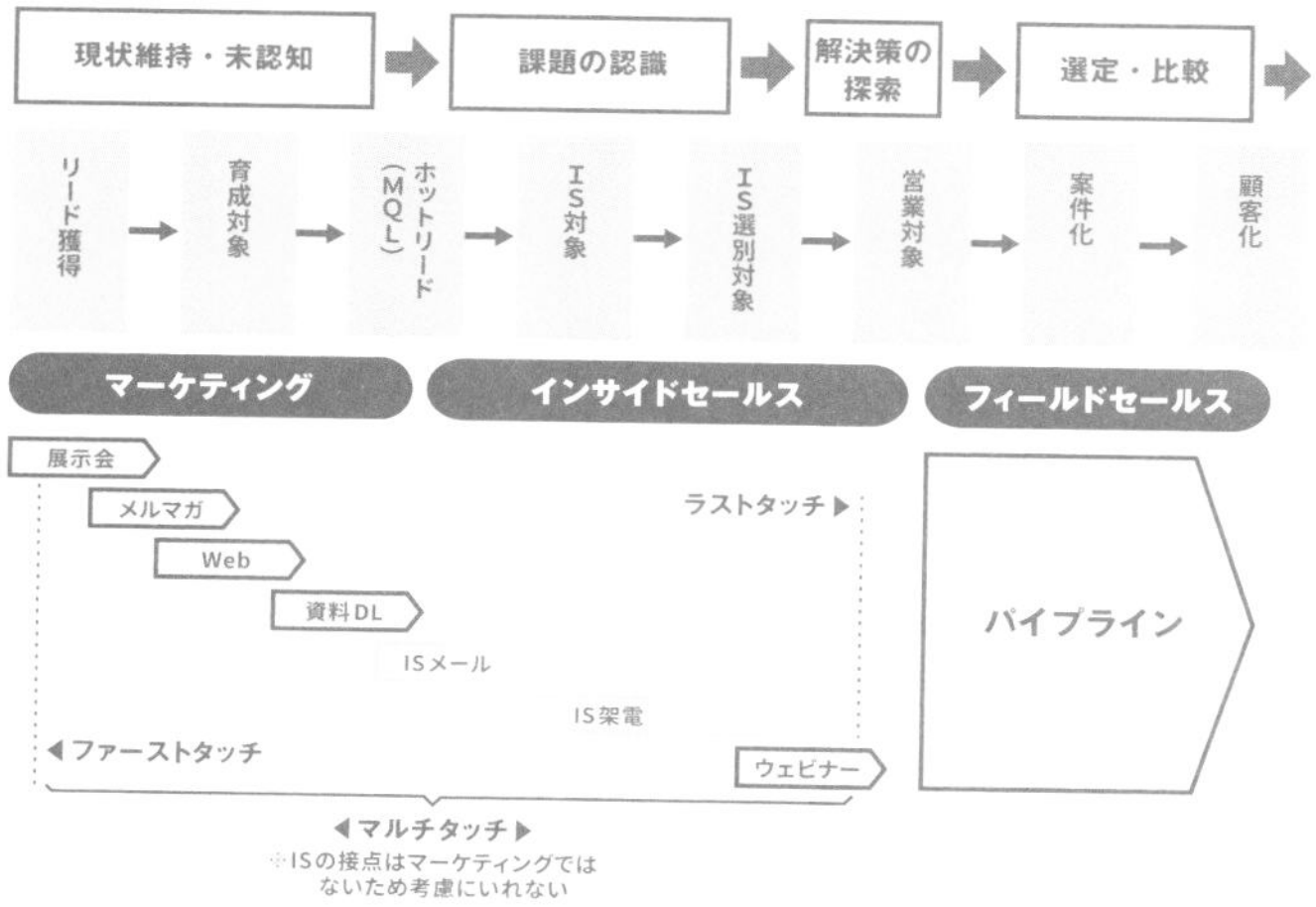

【図23.マーケティングの効果測定モデル】

よばれるものがあります。ウェブ広告から見込客を獲得した場合はウェブ広告がリードソースになり、展示会ではじめて見込客情報を獲得した場合は展示会がリードソースとなります。

最初にどのリードソースから接点が生まれたのかという情報は、その後ステージが進展して受注につながったときに「あのチャネルがスタートとして有効だった」という測定結果となってみえてきます。これが初回接点の効果であり、ファーストタッチモデルです。

二つ目は、ラストタッチモデルです。リード獲得からさまざまなチャネルを経由し、商談化するまでの流れのなかで、商談のきっかけとなったチャネルを指します。商談を創出した影響のあったチャネルはどれかを把握することができ、ファーストタッチとつなぐことで、入口から出口までのチャネルを把握することが可能となります。

三つ目は、マルチタッチモデルです。ＢｔｏＢのビジネスの特性上、タイミングが重要であり、タイミングによっては時間を要することが多いものです。必然的にその間にマーケティングチャネルが発生するので、さまざまなマーケティングチャネルを通じて、商談が発生します。ファーストタッチでは新規獲得が有効なチャネルとして評価されることとなりますし、ラストタッチでは最終ホットリードとして創出されるものが評価されます。その間にあるリードナーチャリングのようなチャネルをどう評価するか、という観点では、マルチタッチモデルが非常に重要となります。

各チャネルのゴールがどう商談に影響しているのかを計測することで、その機会を商談金額などで分配し、各チャネルの価値を見出すことが可能となります。

たとえば、「あるページは１０００万円の創出に貢献している」「ある資料ダウンロードは３０００万円の商談の創出に貢献している」ことなどもわかるようになります。

マーケティングオペレーション

次のステップでは、マーケティングオペレーション（最近では「マーケティングOPS（オプス）」といいます）の効率化について考えていきましょう。

マーケティングオペレーションとは、施策の実行のほかにマーケティングデータ基盤の運用管理を意味します。施策の実行には時間がかかるうえ、そもそもマーケティング担当者は少人数しか割り当てられていないことも多く、リソースは必然的に逼迫しがちです。だからこそ、マーケティング部門の効率化は重要な命題となってきます。

施策の実行とは、マーケティングチャネルを推し進める具体的な作業を指します。しかし、担当者が決まっていなかったり、実行方法が引き継がれていなかったり、反対に「展示会ならあの人に任せておけばいい」といった職人芸をもつ担当者がいて、やり方がブラックボックス化していたりするケースは少なくありません。

これではきわめて効率が悪くなってしまいます。

それでは、効率化を図るためにはどうすればよいのでしょうか。先ほどのウェビナーの例で考えてみましょう。

ウェビナーで集客をするためにはメールが必要になります。参加申込フェーズでは申込フォームが必要になります。申し込んでくれた顧客には参加をうながすためのリマインドメールが必要になり、参加を終えた顧客にはアンケートフォームやサンキューメールが必要になります。

このような実施のステップはある程度のテンプレート化ができるはずです。これらの作業をマーケティングオートメーションで複製することも可能で、短時間でマーケティング施策を量産することも可能になります。そして、このようなステップを標準化することができれば、効果測定も標準化できます。

人によってやり方が変わったり、やり方がブラックボックスになっていたりしては、効果測定もその都度変わることになります。施策の実行のたびに指標が変わるのでは、比較ができません。

チャネルごとに雛形化することをおすすめしますが、施策の実行後は必ず見直し、改善点があれば更新する必要があります。一度決めたことを絶対ルールとはせずに、つねに最新のものを標準として用意しておきましょう。

マーケティングにまつわる機能と必要なスキルセット

現在、マーケティングの機能は多岐にわたるようになりましたが、おおきく分類すると、次のような項目をあげることができます（P205 図24）。

リードジェネレーション
見込客を獲得するための機能
リードナーチャリング
見込客との良質な関係を維持し、変化点をうながし、変化点をとらえる機能
リードクオリフィケーション
見込客を選別し、営業への引き渡しを実施する機能
デマンドジェネレーション
マーケティングが選別した見込客との接点を引き継ぎ、需要を創出するまでの機能
マーケティングOPS（Mops）
マーケティングのデータ基盤を構築し、施策実施の効率化、標準化、データ品質の高度化等を実施する機能

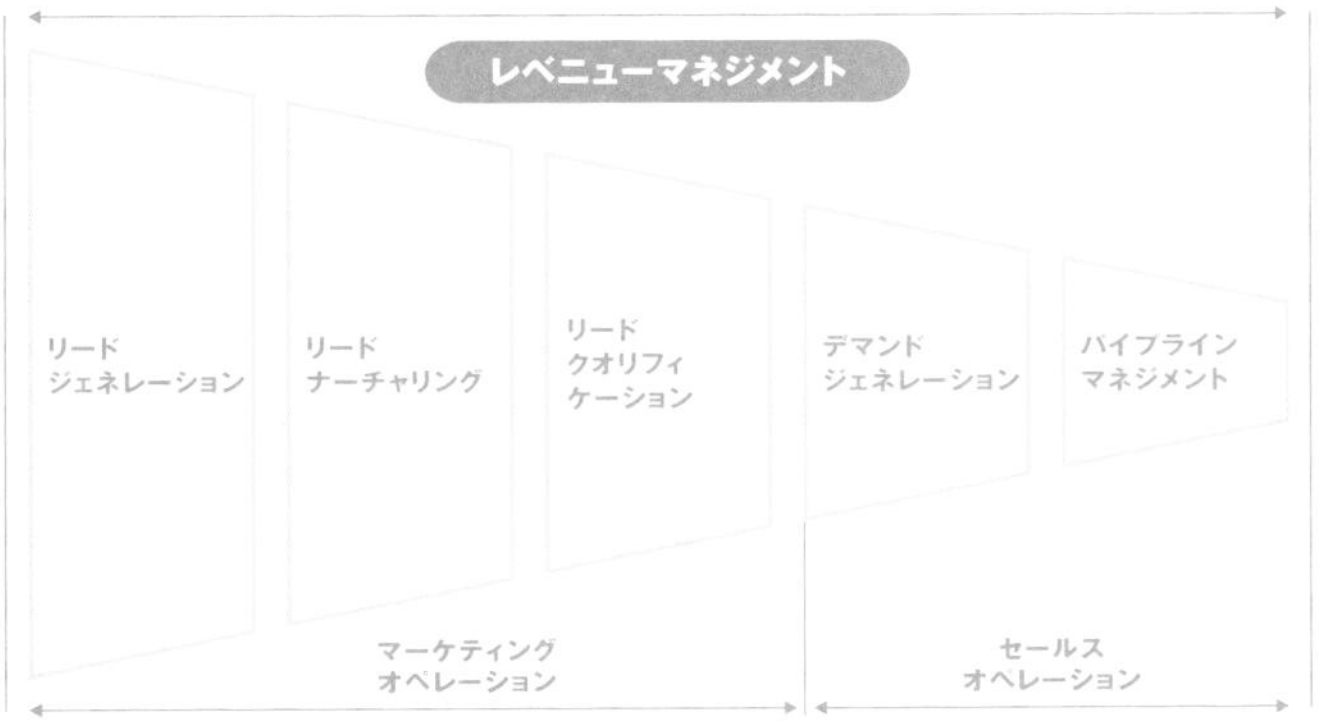

【図24. マーケティングの機能分類】

セールスOPS

セールスのデータ基盤を構築し、セールス状況の可視化、分析、営業活動の効率化、サポート等を実施する機能

レベニューマネジメント

マーケティング戦略の検討結果から実施、パイプラインまでの流れを俯瞰し管理する機能

リードジェネレーションでは、ウェブサイトの運営はもちろん、ウェブ広告のスキルやコンテンツSEOのスキル、従来のオフラインマーケティングのスキル、場合によっては広報スキルも必要とされます。

リードナーチャリングでは、メールマーケ

ティングやウェビナーなどのオペレーションスキルに加え、コンテンツ開発スキルが求められます。

リードクオリフィケーションでは、営業的な視点、営業部門との連携など、顧客と自社の製品やサービスを熟知していることが重視されます。

デマンドジェネレーションでは、商談を引きだすために、顧客の状況把握のための仮説思考が必要とされます。さらに、活動管理のためのレポーティングや営業教育、ツール活用教育等、営業力底上げや標準化といった型づくりも必要とされます。

マーケティングOPSでは、マーケティング活動で得た情報をマーケティング基盤で蓄積し、そのデータを活用するためのデータ管理、分析リテラシーや施策実行のためのオペレーションスキルが必要となります。

セールスOPSでは、とくに営業活動の標準化を実施していくために、マーケティングデータの営業利活用をおこないます。また、営業接点データの蓄積促進のための仕組みづくりや、教育、営業データの分析、利活用等をしていくためのSFAはもちろん、SFAと連携するツールなどの選定、SFAを正しく運用していくためのデータマネジメントスキルが必要となります。

レベニューマネジメントでは、全体のレベニューサイクルモデルのルールをつくり、それを管理し、どこにボトルネックがあるかを発見し、改善する方策まで提示できるスペシャリストが必要とされます。場合によっては組織を動かし、組織を横断させる力も必要となるため、ある程度の権限も求められます。当然のことながら、数字やデータを読み解く経営的な視点も高くなければなりません。

こうしてみると、非常に高度で広範な能力が求められていることがわかります。マーケティング人材が不足しているといわれているのは、ここに要因がありそうです。

さらに、マーケティング人材には、エンジニアとしてのスキルも必要とされるようになってきました。なぜなら、これらの機能を実践していくうえでは、マーケティングオートメーション（MA）やセールスフォースオートメーション（SFA）などのITツールを使いこなすスキルセットが必要不可欠だからです。

組織の形態を考える

このような状況のなかで、どのような組織形態が自社にとって最適なのかを検討する必要があるでしょう。ここでは、最近のトレンドなどもみながら、いくつかの組織形態を紹介します。

・機能特化型組織

マーケティングの機能が拡大するなかで、レベニューサイクルモデルが途切れない組織を構築するには、どうすればいいのでしょうか。

一つには「機能特化型組織」であることが考えられます。

機能特化型組織は、リードジェネレーション・リードナーチャリング・リードクオリフィケーションという三つの機能を分割して特化させ、さらに営業組織を加えて、そのうえにレベニューマネジメントが「傘」のように各組織を横断する形態をとります。各機能の物量が多く、専門性を要する場合では、組織体制として適しているといえるでしょう。

この組織のメリットは、各機能を効率的に実行することが可能となり、専門性を養成しやすい点です。一方、各機能の間で独自ルールが生まれやすく、各機能間の連携に齟齬がでやすいのがデメリットです。そのため、レベニューマネジメントの機能がきわめて重要な役割を担うことになります。

サービスや製品を専業的に販売しており、比較的マーケティング施策を多く実行している企業では、この組織体制をとっている場合が多いようです。「獲得チーム」「育成チーム」「選別チーム」を設置し、それをまとめるマネジメント部門が置かれることになりますが、そのマネジメント部門が機能していない場合は、それぞれがサイロ化しているケースも少なくありません。

そうなると、ナーチャリングとクオリフィケーションがバラバラになってしまったり、あるいはインサイドセールスとうまく連携が取れなかったりするなど、組織間の齟齬が目立ってしまいます。

・セグメント型組織

二つ目は「セグメント型組織」であることが考えられます。

これは、顧客のセグメントごとに組織体制がわかれるタイプの組織で、事業、製品、サービスが横串となり、ターゲットとなる顧客ごとにアプローチを展開していかなければならない場合に適しています。そうすることで、各セグメントで機能をわけて、各セグメントで最適なアプローチを実施することが可能となります。

一方で、セグメント間の隔たりが顕在化して縦割りになりやすく、マーケティングノウハウ、コンテンツ、システムなどの資産が分散しやすい傾向がみられます。営業までふくめて一気通貫の組織になっていなければ、分散しやすくなるというデメリットは否定できません。

あくまでも、製品セグメントではなく顧客セグメントであることが望ましく、機能特化型組織と同様に、全体を取り仕切るリーダーシップが必要です。

・マーケティングOPS型組織

三つ目は「マーケティングOPS型組織」です。

これは、セグメント型を重視しながらも、各種資産を有効活用するための中央集権的な機能と仕組みを要する組織を意味します。

事業単位で実施していたコンテンツ作成や施策はそのままに、見込客やシステムなどの資産は一気通貫で管理して、マーケティングチャネルや実施スタンスは中央集権的に管理する手法です。

この組織体制は、グローバル企業の多くが取り入れています。日本に進出して日本法人を展開するような場合は、本社機能が中央集権的に関与してくるため、ルールが堅固に決まっているケースが少なくありません。

顧客が重なる可能性が高い場合や、シナジーの可能性がある場合など、事業間の協業を視野にいれるときに展開するのがこの組織体制です。つまり、セグメントが異なってもじつは顧客が同じだったケースなど、これまでは異なるセグメントで管理してきた顧客が、リードをひとつの資産にすることで、事業間の結びつきを発見しやすくするための方法です。

横串を刺すことによって事業間のシナジーが生まれ、資産の有効活用やマーケティングノウハウの共有、従来の組織体制に対する組み込みやすさなどのメリットがある一方で、スピード感、システム管理に課題が残るうえ、将来に向けて基盤をひとつにするシステム統合はハードルが高く、それなりの覚悟をもって望まなければならないなどの課題も残されています。

・営業組み込み型組織

四つ目は「営業組み込み型組織」です。

これは、営業組織のなかに入ってマーケティングを展開する組織体制です。営業組織に準じて配置されるため、営業との連携やシナジーが生まれやすいのが特徴です。営業の売り上げ計画に対する参画意識も芽生えやすくなる一方で、フィールド営業との間に優劣が生じる可能性があります。

その結果、営業支援、営業サポートなど、言葉を選ばずにいえば「営業の御用聞き」のような立ち位置になりやすいデメリットもあります。

営業組織下のマーケティング組織は、マネジメント層のマーケティングに対する理解に加え、今後の営業スタイルの変革を実行するという強い信念が必要です。

欧米の外資系企業でこの組織体制がうまく稼働するのは、マーケティング組織が営業組織よりも上位にあって、あらゆる戦略やルールがマーケティング組織でつくられ、それに従うというルールがあるからです。日本の場合はむしろ逆で、営業組織が力をもっているためにマーケティング部門が使われる立場に立たされるので、このような課題が生じるのです。

・デマンド型組織

五つ目は「デマンド型組織」です。

インサイドセールスをマーケティング組織に組み入れ、リードナーチャリングをインサイドセールス部隊とともに実施する組織体制です。インサイドセールスは最先端の顧客のニーズや要望を察知し、その状況をつぶさにマーケティングと連携して、商談創出までをマーケティング組織のなかでおこなっていくのが特徴です。コンテンツ制作、ターゲティングの精度をあげる取り組みがしやすいのも、この組織体制のメリットです。

インサイドセールスとマーケティングの連携が要になり、商談の定義やターゲティング、営業のキャパシティなど、それぞれの部門における共有が重要なポイントになります。

デマンド型組織では、アウトソーシングという考え方をもつことも必要です。アウトソースをしないでデマンド型組織を確立しようとしても、スペシャリスト集団を育てるのには時間もコストもかかってしまいがちです。さらに、社内の営業人員を配置した場合には、過去の経験値からくるバイアスにとらわれることも少なからずあるので、デマンド活動に影響をきたす可能性もあります。

一方で、アウトソーシングは熱量の管理や、アウトソーシング先の教育、データ基盤の統合等の課題もあります。インハウスか、アウトソーシングか、製品・サービス内容により検討が必要と考えます。

第9章

9階

分業体制を確立するために

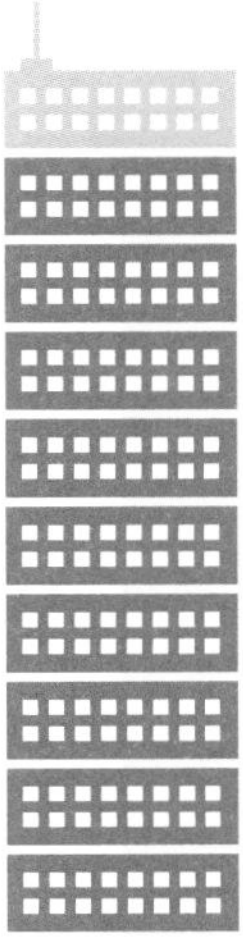

理想的なシステムの連携とは

ここまで、分業体制の確立が非常に重要であることを述べてきました。

分業体制が確立された場合は、各部門間での情報共有や連携が必須となります。各部門でおこなわれるやりとりはリアルタイムであることが要求されるため、デジタル化が推進されることになるのは明らかでしょう。

そこで、マーケティングオートメーション（MA）やセールスフォースオートメーション（SFA）などのツールが、これらの問題を解決する助けになります。

中央に、ひとりの顧客の名刺があります（図25）。

この名刺を取り巻くように、上段の左側には展示会やウェブなど、マーケティング

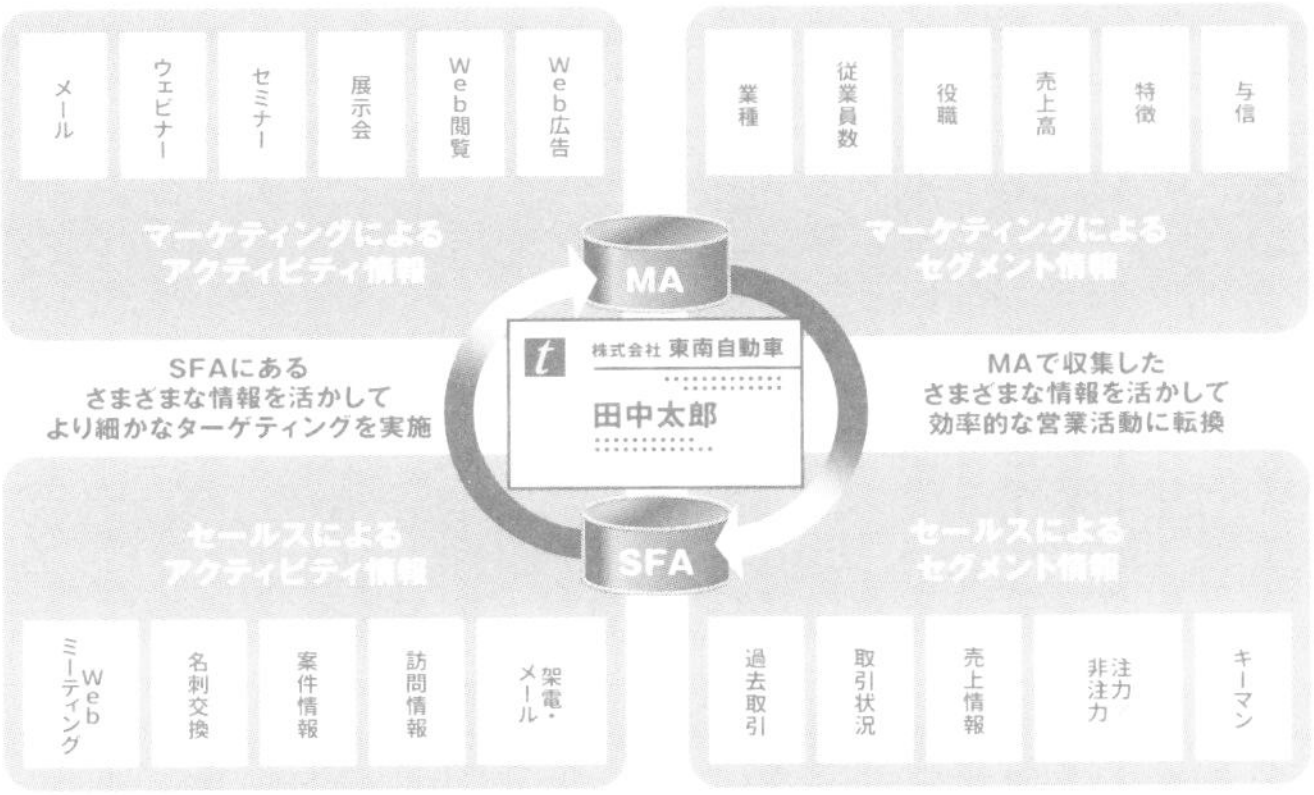

【図25. MAの役割とSFAの役割】

活動による動的な情報があります。右側に移動すると、業種や従業員数、売り上げ高などの静的な情報があります。

一方、下段の左側には営業による面談情報、訪問履歴、案件情報、さらにはメールのやりとりなどの動的な情報があり、右側には営業側がもっている過去の取引実績などの静的な情報があります。

このように、上段がMAの役割、下段がSFAの役割となり、各ツールのユーザーも、上段がマーケティング担当者、下段がセールス担当者というかたちになります。

一つひとつだけでは価値が低いと思えるデータでも、名刺という情報と連携することによって、非常に有効なデータにすることができるのです。

MAとSFAの得意分野

もう少し詳しくみていきましょう。

たとえば、名刺情報だけをみた場合は、会社名、部署名、名前、住所、電話番号、メールアドレスなどが基本情報として得られます。しかし、これだけでは営業が活用する情報としては少ないといわざるをえません。ここにさまざまな情報が紐づけされてはじめて、価値がでてくるのです。

紐づけされる情報は、散らばっているのがいままでの在り方でした。見込客とのメールのやりとりがあっても、その情報はメーラーのなかに存在します。展示会で会話を交わしたという情報があっても、展示会ごとにエクセルなどで管理されていました。

営業などはより顕著なケースもあり、肝心の名刺は営業の個々のポケットのなか、もちろん商談情報も頭のなかに、といった状態です。

しかし、こういったすべての情報が、名刺情報と紐づいていたらどうなるでしょうか。それを実現するのがMAやSFAです。

MAとSFAは、それぞれ得意分野がちがいます。

図25（P219）の上段の左側の情報は、マーケティングによる動的な情報なので、マーケティング担当者がなんらかの施策を実行した際の見込客との接点の履歴です。

一方、上段の右側にあるマーケティングの静的な情報は、接点の履歴などの行動属性のほかに、たとえば従業員数や、業種、売上高などの企業属性、そのほか、役職、職種などの人物属性があります。このような行動属性、企業属性、人物属性などをもとにターゲティングして、施策を打つのがマーケティングの基本的な考え方です。

MA単体でももちろん有効ではありますが、それだけで刈り取ろうと思ってもなかなかむずかしいので、ここに営業との強固な連携が望まれます。

下段右側の情報は営業の静的な情報になるので、過去に取り引き情報はあるか、あったとしたらその売り上げ情報はどうなのか、などであるのに対して、左側には営業がその顧客と対面した内容などが記入され、そこから発生した過去の商談情報もインプットされていきます。それにより見込客にどのような接点があり、どのようなことに関心があるのか、施策の接点を通じて、アプローチするための材料をＳＦＡ側で確認することが可能になります。

ＭＡがマーケティング担当者の接点であるのに対して、ＳＦＡは営業担当者の接点による情報であるといえるでしょう。このように、ＭＡとＳＦＡのそれぞれの情報が蓄積し、それがマーケティングと営業とで、相互にデータを活用することができるようになって、おおきなメリットを生みだすのです。

さまざまなツールの特性を把握する

ＭＡとＳＦＡは、海外ツールと国産ツールを合わせると、じつに多種多様なサービスが存在します。実際に触ってみなければ使い勝手がわからないことが多く、評価の仕方もさまざまなものがある状況です。

ひとつのヒントとなるのは「分業体制を確立するための、レベニューサイクルモデルの仕組みを構築することができるかどうか」だと思います。

よくきくのは、国産のＭＡツールにはセールスと連携するための思想が欠けていることが多く、ＳＦＡとの連携ができない、連携するためには膨大な開発費が必要とわかった、などといった問題です。「さまざまなデータを連携」するためにツールを導入しようとしているのに、データ形式自体がバラバラでつながりようがないのです。逆に、海外ＭＡツールと国産ＳＦＡツールとの連携がむずかしいというケースもあるので注意が必要です。

メールアドレス、名前、役職、グレードやスコアリング情報など、顧客情報をいれる項目の連携ができているのは大前提の機能です。ＳＦＡで修正したらＭＡ側でもそれが反映される、ＭＡで更新したらＳＦＡでも更新される、といった双方向の制御ができなければなりません。しかし、これだけでは意味がありません。人物に対して、マーケティング施策の接点情報や、営業の活動情報、商談情報など複数の情報をうまく連携できるかがポイントになります。

たとえば「過去に失注した顧客のなかから、最近になってウェブサイトを頻繁にみている顧客情報を抽出し、ニーズに合ったウェビナーの案内を送りたい」といった連携を実施するためには、分業体制が確立されていなければならず、それを支えるMA・SFAツールと、それらのデータが蓄積され、抽出され、シームレスに連携される必要があります。

そして、ツールの選択をするときには、目先の多機能スペックに惑わされることなく、本当に分業体制の確立に貢献できるのか、レベニューサイクルモデルを強化できるのか、ひいては自社の「顧客管理に対するあるべき姿」まで考えて、システムを導入する必要があるのです。

マーケティングオートメーションの真価とは

MAは「オートメーション」とネーミングされていることから、自動化の部分に焦点があてられがちです。しかし、それだけがMAの本質的な機能ではありません。むしろメインの機能は、データマネジメントにあるといえるのです。

では、データマネジメントとはいったいなんでしょうか。

端的にいえば、データマネジメントとは、顧客を中心としたさまざまなデータを管理することです。顧客がどのような行動をとったのか、顧客に対してどのような営業活動をおこない、どのような案件が発生したのか、その結果、顧客のフェーズはどのように変わったのか、といったさまざまな情報を統合し、活用していくことが、データマネジメントの運用となります。

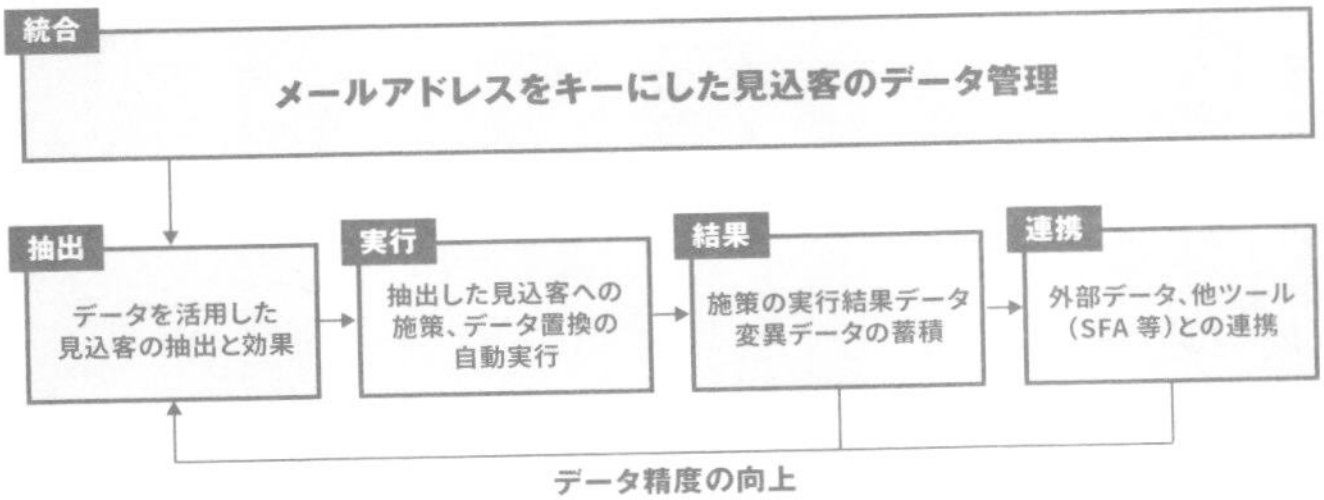

【図26.マーケティングオートメーション（MA）ができること】

もう少し、MAの機能を詳しく紹介していきましょう。MAの機能は、次の五つ（統合、抽出、実行、結果、連携）に分類されます（図26）。

一つ目の「統合」の機能からみていきましょう。

統合機能は、ほとんどのMAではメールアドレスでおこなわれています。なぜなら、基本的には、ひとりの人物の唯一無二のユニークな「キー」がメールアドレスだからです。

同じメールアドレスの見込客データがすでにあれば、MAのデータベースを探して「統合」処理をおこない、不足している情報などを更新していきます。また新しく登録されるメールアドレスであれば、MAのデータベースに新たな見込客として作成されることとなります。

見込客データでは、たんに情報が更新されるだけではなく、データが変更されたときの記録（ログ）が残ります。つまり、MAの重要なポイントは「課長から部長になった」といった情報がログとして残ることなのです。メールアドレスをキーにすれば、はじめて獲得したマーケティングの情報源がわかるうえに、どの活動接点を経て、現在はどのような状況なのかが、時系列でわかります。

かつてBtoBにおいて情報管理の障壁といわれたのが、商談までのプロセスが長すぎる点でした。プロセスが長すぎるがゆえに、営業とマーケティングの間の接点が途切れるため、展示会をやってもそれがどのような商談に結びついていったか、間のプロセスがわからなかったのです。

逆にいうと、その商談の出所がわからないまま、成約した営業だけの手柄になってしまい、マーケティング施策の効果は理解されることはありませんでした。

それをつなぐ機能をもっているのがMAなのです。

はじめて獲得された接点は、ウェブフォームの資料請求かもしれないし、展示会での名刺交換かもしれないし、セミナーかもしれないし、広告かもしれません。はじめての接点がわかれば、次の接点も追うことができて、それらをつなげることによって商談までの流れがわかります。どのような経緯をたどったのか、その足跡を追えるのがＭＡの統合の機能のひとつです。

「顧客のステージがいつ育成対象からＭＱＬになったのか」「どのようなページを閲覧し、その結果顧客のスコアが何点に変わったのか」といったログなどがつぶさに記録できる機能を備えていれば、そのＭＡは優れたツールだといえるでしょう。

どれだけ情報がログとして残せるかはＭＡツールによって異なるので、しっかりと確認して選ぶ必要があると思います。

データを統合し、そこから抽出する

二つ目は「抽出」の機能です。

統合された結果をうけて、そこからなにを抽出するかがここでのポイントです。抽出の場面でよくみられるのは、ログは溜まっているのだが抽出できないというケースです。そういったログをどこまで詳細に抽出することができるのか、これもMAツールの機能差となります。

たとえば、ある資料をウェブフォームからダウンロードした人だけを抽出したとします。ここに、従業員数1000人以上、部門や役職といった静的な情報を掛け合わせて抽出することができるか？　さらに、過去商談で失注したリードを抽出できるか？　あるいは、あるページを閲覧したリードを抽出できるか？　などといった「ａｎｄ条件」での抽出、「ｏｒ条件」での抽出、「ａｎｄとｏｒ」の組み合わせによる抽出などを駆使して、蓄積されたログから、ほしい情報を抽出できるかどうかが重要なポイントとなります。

さらに、先ほどの統合の機能にあった「変化の記録」や「期間と回数」も抽出できれば理想的です。「サービスページから詳細ページに遷移した見込客だけ」を抽出したい、「過去60日以内に商談を失注しているが、２週間で同一ページを５回以上閲覧した見込客だけ」を抽出したいなど、抽出対象にはさまざまなものが考えられるでしょう。

統合と抽出の機能はＭＡの機能の要ですが、ツールによってできることとできないことがあるので注意が必要です。

抽出したデータから、実行に移す

三つ目四つ目の「実行」「結果」機能をみていきましょう。

実行には、おおきくわけて二つの特性があります。

一つは「施策の準備と実施」です。メールを配信するなどのマーケティング施策をサポートする機能がどれだけふくまれているかという点です。

もう一つは「抽出した結果に対するデータ置換」です。ウェブページにアクセスした結果スコアが加算されるのも、そのスコアの蓄積によって育成対象からＭＱＬにステージが自動的に変わるのも、データ置換の実行の特性にふくまれます。

データ置換は、データ値を自動的に変えられるという機能ですが、これができないと、たとえば「スコアが１００点を超えた顧客を、育成対象からＭＱＬに変更する」

といった作業を、手動でやらなければなりません。

抽出した結果をもとにメールを配信する、抽出した結果をもとにデータ値を置換する、などはいずれも実行ですが、このとき、抽出するための条件が少なければ実行にも影響を与えることになるのです。したがって、どれだけ実行ができるかは、どれだけ抽出できる条件があるかによっても左右されるといえるでしょう。

また、実行した結果は、統合によって蓄積されていくので、それをもとにさらなる抽出が可能になります。たとえば、あるウェブページを閲覧した見込客のデータを抽出して、そこからそのページ閲覧の動機に最適な内容のメールを送るといったことが実行できれば、当然メールへの反応は高まることでしょう。

ここでも、ＭＡツールには機能差があることを考えなくてはなりません。

MAとSFAを連携させる

五つ目は「連携」の機能です。

連携とは、MA以外のツールとの連携を指しますが、代表的なツールにはSFAがあげられます。SFA側の活動や商談結果などがMA側とつながることで、マーケティングと営業をシームレスにすることが可能となります。

たとえば、あるMQLがつくられて、そのリードに対応した内容をSFA側の活動記録に登録したとき、MA側にもその内容が自動的に反映されて、その結果をもとにステージが変更されます。しかしこれまでは、MQLがつくられて営業が受け取ったあと、アナログ的なフィードバックがなければ、MA側にはそのリードがどうなったかがわからないという状況でした。

もちろん、ＳＦＡ側では自分たちで記録をしていますが、それがＭＡ側に伝わっていなければ、ＭＡ側ではそれらのデータを統合したり抽出したりできません。そのほか、ウェビナーや動画配信、チャット、パーソナライズツールなどともＭＡが「連携」できれば、施策も非常に効率的になります。連携の機能を有することは、もてるデータの有効活用にあたって非常に重要だといえるでしょう。

ＭＡの価値は、以上のような機能が実装されているかどうかで決まってきます。また、実装されてはいても、それがどの程度のものなのかがツール選定のポイントです。

さまざまなケースを想定し、なにができてなにができないのか、そしてなによりも「自社ではどこまでやろうとしているのか」を考えて適正なツールを選ぶのが大切です。

正しいSFAのあり方とは

次に、SFAについて考えていきましょう。

SFAは営業部門が活用するツールとしてきわめて重要です。MAツールと同様にさまざまなツールが存在しますが、その背景にある設計思想もさまざまです。したがって、各ツールの思想を十分理解して検討していくことが重要です。

SFAの構成例は次のようなものです。

自社が営業活動をしたときの活動履歴では、営業のだれが、取引先企業のどの担当者に会って、どのような話をしたのか、などの情報が蓄積されていきます。

そうすることで「その商談（案件）は、どの会社の、だれから、どのように生まれたのか」「その人物に対して、どのような施策（キャンペーン）が紐づいているのか」「その商談（案件）に対して、どのような活動がなされているのか」「その結果、受注したのか失注したのか」などの情報が集まります。そして、それらのデータを関連づけるのがＳＦＡの役割となります。

ＭＡとＳＦＡの連携を最適な状態にする

マーケティングの役割が少ないとみなされていた時代は、営業サイドの活動があれば十分とされていました。ところが、デジタルマーケティングで獲得した見込客を育て、商談（案件）にまで発展させる必要性が生まれてくると、ＭＡとＳＦＡの連携は必須だと考えられるようになりました。このとき、海外製のＳＦＡはＭＡと連携させることが前提となっています。一方、国産のＳＦＡツールはいまだＭＡと連携することがむずかしいケースが多いようです。

なぜ海外のツールだとうまくいって、国産のツールだとうまくいかないのでしょうか。

それは、欧米には「マーケティング主導」という文化があったからです。広大な面積のアメリカ国土やＥＵ圏を効率よくカバーするためには、マーケティングによって見込客を選別し、顧客をピンポイントで攻める必要があるため、マーケティングが必須だったのです。

現在、日本のおおきさに変わりはありませんが、日本企業の「買い方」が変わってきたのは事実です。したがって、「売り方」もデジタルを活用したマーケティング手法にシフトし、ＳＦＡと連携させて見込客を獲得していかなければならない状況が生まれています。

ＳＦＡにおける見込客とは、マーケティング由来で獲得できた個人情報です。

初期の段階では、企業ごとに管理されている状態ではなく、データとしてまだ精緻化されていません。これを精緻化して、商談が作成されるタイミングで、企業マスタをつくり、続いて顧客担当者の情報をその企業に紐づける昇格の作業がおこなわれます。つまり、見込客から取引先へ、さらに取引先担当者へと昇格するまでの作業が、マーケティングやインサイドセールスの職務領域となります。

マーケティングやインサイドセールスは、見込客に対してアプローチし、そのアプローチ内容を活動情報として登録していきます。その活動結果をもとに、レベニューサイクルモデルのステージが進捗したり、リサイクルされたりします。

その活動結果によって案件が創出されたタイミングこそが、営業へと展開されるタイミングになります。企業マスタに取引先担当者として昇格され、商談情報を登録したのちに、営業はその商談情報をもとに、その人物に対して営業活動をおこないます。

MAとSFAがつながることで、MQLの質も吟味できて、営業のリソースに無駄が発生しにくくなるはずです。さらに、ＭＡとＳＦＡの連携によって「この商談はどのマーケティング活動が起源なのか」「どのマーケティング活動が最後の接点なのか」「どのマーケティング活動がもっとも商談創出に貢献しているのか」などがわかるようになります（Ｐ２４０ 図27）。

最終的に営業でクロージングされることが多いＢｔｏＢ企業の場合、営業の活動情報をＭＡに還流するのが非常に重要だといえるでしょう。

ＭＡを上手に使いこなしている企業とは、マーケティングデータを活用して営業活動をおこない、それらの情報をＳＦＡに素早くフィードバックするループが確立している企業です。属人化させず、バイアスにとらわれず、全件に対して仕組みとしてフィードバックをおこなうことで、ＭＡとＳＦＡの連携を最適な状態にすることができるのです。

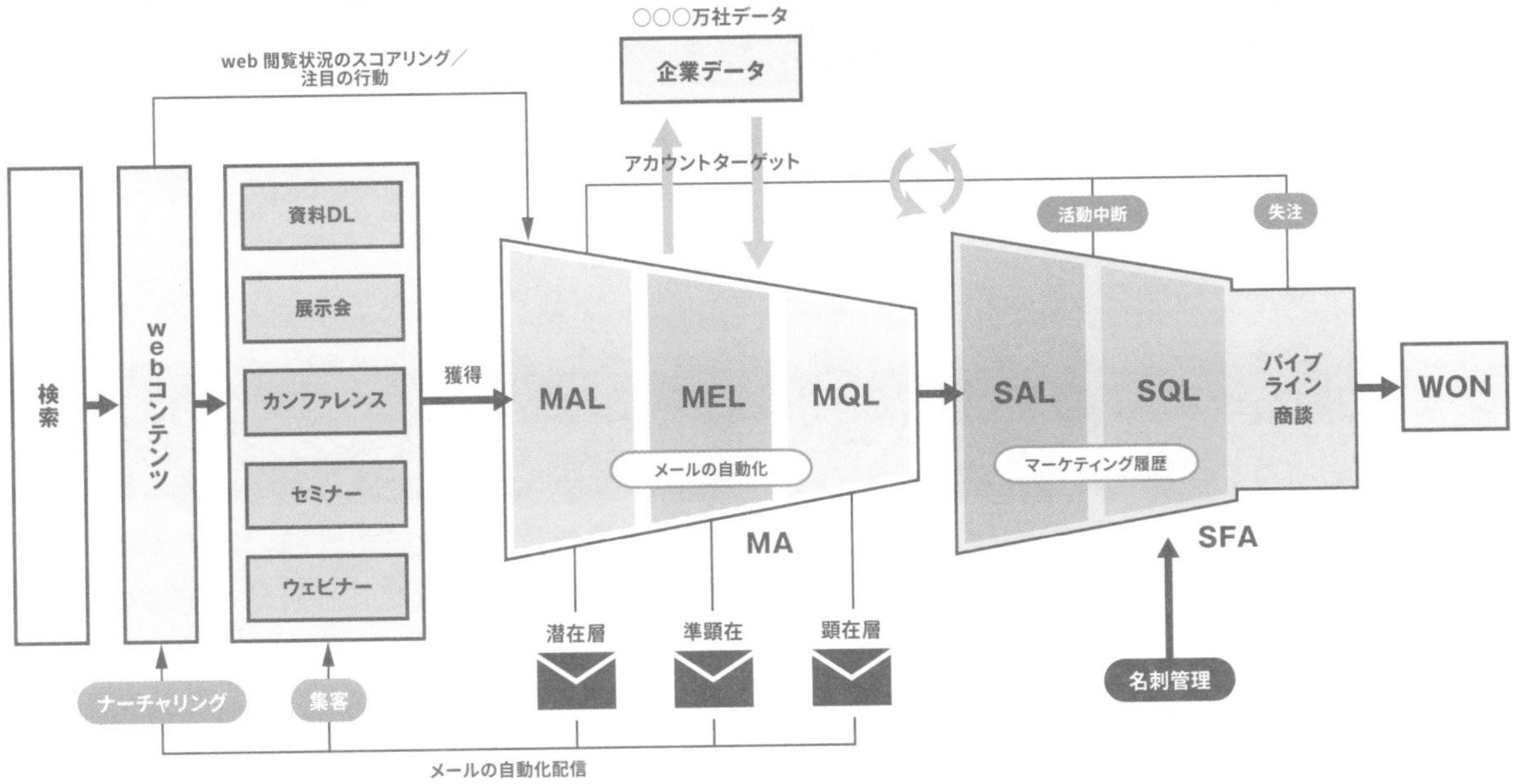

【図27. 全体のシステム構成図および施策とリードの流れ】

ビッグデータからビッグオプスへ

ひと昔まえに登場したバズワードのひとつに「ビッグデータ」があります。しかし、このビッグデータはコンセプト倒れであまりに粒度がちいさく、顧客体験という視点ではないことなどから構想にまとまりがありませんでした。ただのデータの集積で、実用性に乏しいデータばかりだったのです。その結果、「ビッグデータがどうビジネスに役立つのか」という問いに対して結論がでないままに収束するとかたちとなりました。

その一方で、散らばったデータを管理すべくさまざまなビジネスシーンでＳａａＳ製品が乱立します。顧客のニッチな要望に応えるべく、さまざまなカテゴリに特化したサービスが誕生し、ひとつのカテゴリがやがてべつのカテゴリへと派生し、かつて消え去ったビッグデータを補完するかたちで、実用的なデータが誕生します。

現在は、それらのデータをシームレスに連携できるAPI技術が登場し、実用性をもつさまざまなデータを真に価値あるデータへと変換する動きも活発化しています。

こうしたデータは「ビッグオプス」とよばれ、営業やマーケティングを中心としてMAやSFAでは足りないデータを補完する流れができつつあります。

MAとSFAを取り巻くオペレーションシステムの全体像

マーケティング活動を管理するMA側では、さまざまなマーケティングに特化したチャネルを管理するツールが数多くあります。たとえば、ウェブサイトをターゲットに合わせてCTA等を出し分けるパーソナライズツールや、オンラインイベント、ウェビナー等を管理するイベント管理ツール、その他、動画配信ツールやWeb広告など

ＭＡ側と連携することで、これらのツールから獲得した見込客データ以外にも、そのツールで得た情報を取り入れることも可能です。

一方、ＳＦＡ側も営業が利用するツールとして、営業名刺を管理するツールや、インサイドセールスが利用するＩＰフォン等の連携、あるいは、会計システム、カスタマーサクセスのためのツール等、ある領域に特化したツールが数多く出現しています。

また、これらのデータを保管し、分析し、予測するためのプラットフォームやツールも存在し、オペレーションシステムのサービス数はもはやカオス。そんななかから自社に最適なツールを選び、求めている連携を実践していくこと自体が、たいへんむずかしい状況です。だからこそ、ツールありきではなく、自社にとって、顧客にとってなにが必要なのかをしっかり考えていく必要があります（Ｐ２４４図28）。

まずはシンプルに、必要最低限のシステム構成で望むのが正解です。システムベンダー側に必要だからといわれ、導入したはいいが、ＭＡの運用で精一杯で利用できていないという状況を私は数多くみてきました。

そこで私は、運用していく過程で足りないものがあり、どうしても現時点のツール

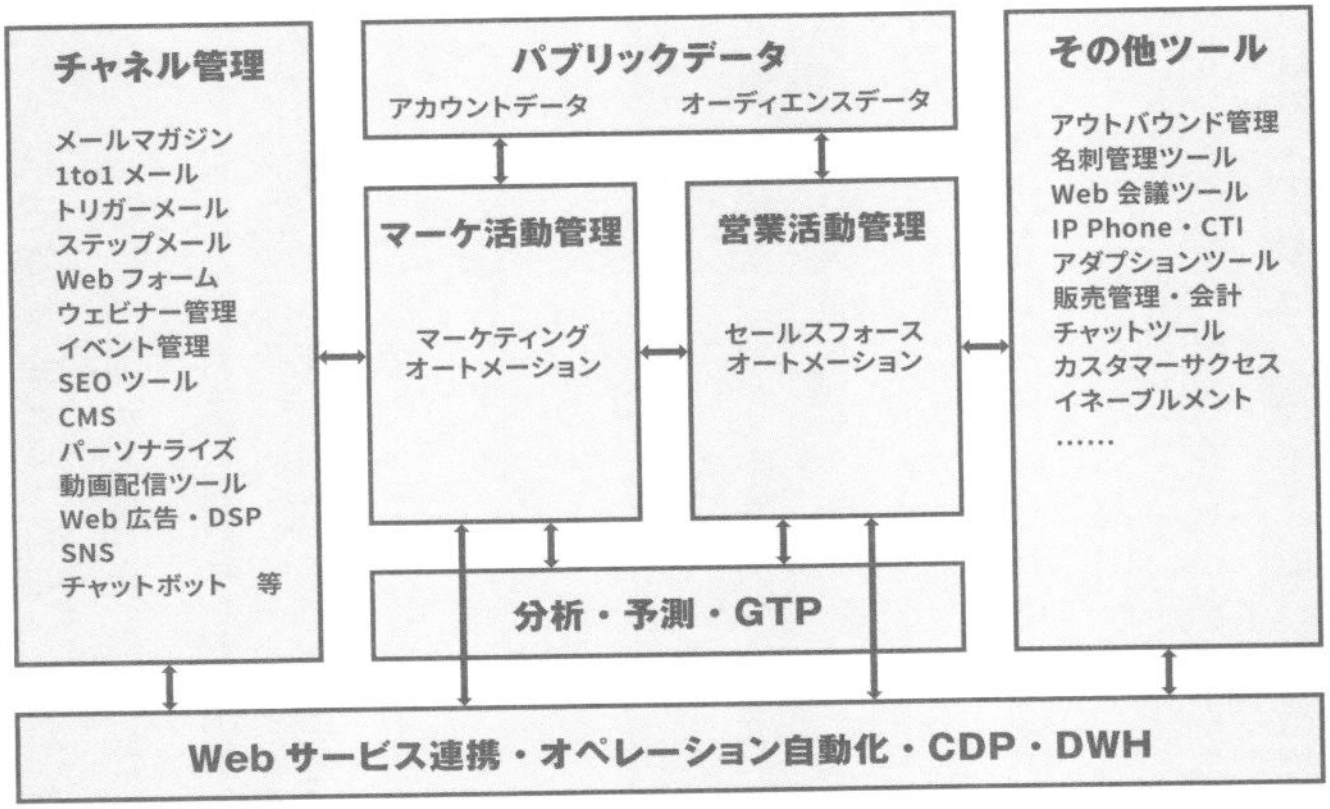

【図28. マーケティングオートメーション（MA）を取り巻くオペレーションシステム】

では課題を克服できない場合であれば検討し、付け足していく流れでよいのではないかと考えています。

とはいえ、セールス&マーケティングのど真ん中にあるSFAやMAは、やはり耐久性のあるものを選んでおきたいものです。これを引っ越すとなると大事で、せっかく蓄積された資産もほぼリセットになってしまいます。ポイントは、耐久性、永続性、汎用性のあるSFAとMAを選ぶことです。ある程度、導入や運用できる提供企業が存在すること、そして、それらの思想がしっかりと理解できること、さらに、シンプルに使っていけるかどうかが重要となります。

第10章

10階

「成果」とはなにかを定義する

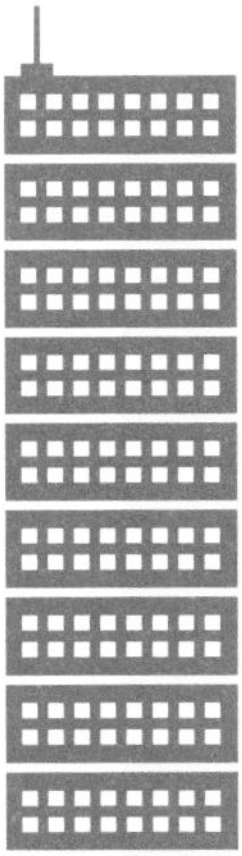

成果とはなにかを定義する

マーケティングを実施するとき、気になるのはその成果です。私たちが「マーケティングの費用対効果」にかんするウェビナーを開催すると参加者の集まりがよいことも、その関心の高さを示していると思います。

そこで、ここではマーケティングにおける成果について考えてみましょう。

まずは「成果とはなにか」ということを考える必要があります。

営業もマーケティングも、その活動結果として求められる成果は、やはり売り上げだといえるでしょう。ごくシンプルに計算すると、売り上げから原価・販管費を差し引いたのが営業利益で、それよりもマーケティング経費が下回っていれば、費用対効果はよかったということになります。

この費用対効果を高めるために考えられるのは

- **売り上げをあげる**
- **(マーケティングを除いた)原価・販管費をさげる**
- **マーケティング経費をさげる**

という三つの選択肢があります。

しかし、費用対効果を高めるためにマーケティング経費をさげるのは、これまで本書が提唱してきた「売り方の変革」の種を摘むことにほかなりません。本来、マーケティングは売り上げをあげるための活力の源泉になるべきもので、マーケティング経費をさげるという方向性は、企業活動全体の活気をなくすことにつながってしまいます。

「(マーケティング経費を除いた)原価・販管費をさげる」という方向性は、話が複雑になりすぎますし、本書の論点とはずれてしまうのでやめておきましょう。

そうなると、残る施策は売り上げをあげることです。マーケティング経費を投資する目的は、そもそも売り上げをあげることです。つまり、売り上げをあげるためには、マーケティングにおいてなにを指標とし、どれくらいの経費が必要なのか、検証していく必要があるのです。

売り上げをあげるための計算式

ここで再び着目したいのは、レベニューサイクルモデルです。レベニューサイクルモデルではステージを管理しなければならないと紹介しましたが、このとき、ステージの左から右へ遷移したものが成果だと考えられます。つまり、ステージからステージへと遷移する率が高く、遷移する数が多いほど、売り上げが向上していることがわかります。

具体的に売り上げを分解してみましょう。

売り上げをあげるためには

- **受注数を増やす**
- **平均単価をあげる**
- **継続購入回数を増やす**

の三つのうちから、実現可能な施策を検討していきます。

マーケティング施策をおこなうことで効果をもたらすのは、これらの三つのうち「受注数を増やす」ことです。

受注数を増やすためには商談数を増やす必要があり、商談数を増やすためには営業引き渡し数を増やす必要があり、営業引き渡し数を増やすためにはインサイドセールス対象数を増やす必要があり……とさかのぼることで、やがて見込客を増やす必要性にたどり着くことになります。

目標を曖昧なままにしない

いままでのマーケティングは、式や数字が曖昧なままはじまっているケースが少なくありません。「見込客の数字の内訳はどうなっているか」「どのような目標を立てたから、この見込客の数字になっているのか」というところからスタートしなければならないのです。

そこで、この計算式を使うとおおよそ必要な見込客数がわかるようになります。まずは、マーケティングとして創出しなければならない売り上げの数字を算出し、そこから逆算していくことにしましょう（図29）。

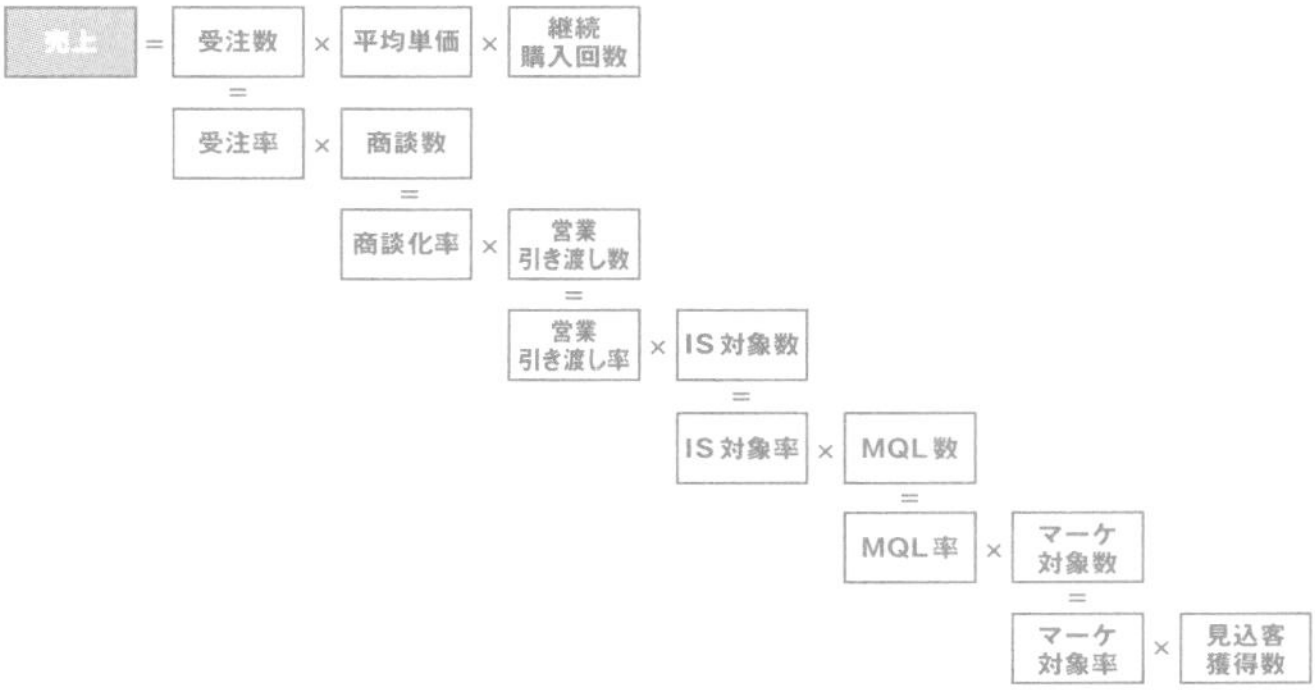

【図29. 売り上げをあげるための計算式】

【例】

売り上げ目標は10億円とする。このとき、平均受注単価は１００万円だとする。したがって、１０００件の受注数を実現しなければならない。

受注率の実績が５％だったとすると、商談は２００００件必要となる。２００００件の商談数に対して、商談化率の実績が30％だった場合、６６６６６件の営業引き渡し数が必要となる。

ここからさらにさかのぼっていくと、見込客獲得数はきわめておおきな数字となる。マーケティングによる見込客獲得コストは、現実的ではない数値になってしまうことが予想される。

現実的ではない数値は、放置しておくわけにはいきません。この例に見られる「見込客数の圧倒的不足」に対して、実施できそうな施策は次の三つが考えられるでしょう。

- **受注単価をあげる**
- **各ステージへの転換率をあげる**
- **新規見込客の獲得数を増やす**

受注単価を100万円から300万円に引き上げるためには、当然ながら、ターゲットや商材が異なる可能性もでてくるでしょう。また転換率をあげていくためには、質をあげる必要があります。質をあげるためには、リードナーチャリングやリード獲得の施策や方法を変えていく必要があります。

いずれにしても、現実的ではない数値に対して、即座に三つの方法が案出できるのは、レベニューサイクルモデルのステージを基準にして考えているからです。レベニューサイクルモデルを用いることで、効果の設計をシンプルに考えることができて、なにが課題なのか分析することも容易になってきます。

このような調整を重ねながら、実現可能な数値を検討することが重要でしょう。

レベニューサイクルモデルへコミットする

前掲の例では、段階を踏んでステージをあげ、それを売り上げにつなげるパターンをみてきました。しかし、左から右への動き（またはそのさかのぼり）しかみていないために、これでは一方通行となっているきらいがあります。

そこで次は、ファストパスやリサイクルについても考えてみたいと思います。

先述したように、「お問い合わせ」してくれた見込客などはすぐにアプローチしなければならない「ファストパス」に分類されます。アプローチしてもうまくいかなかった見込客の場合は「リサイクル」として戻していきます。

本書が掲げるBtoB購買の本質＝「顧客は問題がある限りいつかは買う」を考慮したうえで、次の二つの場合について検討していきましょう。

ファストパスの場合は、マーケティング対象率、MQL率の転換はない（図30）

リサイクルされた場合は、マーケ対象数として、戻ってくる（図31）

まずは、今期新たに獲得するべき見込客の数について、マーケティングチャネルごとに目標を立て、月次で検討していきます。

たとえば、ウェブサイトからの問い合わせの数、資料ダウンロードの数、展示会への出展で見込客を獲得できる数など、さまざまなチャネルごとに目標を立てて、月次で獲得する見込客の数を算出します。

またこの時点で、即ＭＱＬ化できる「率」と「数」もだしておきます。

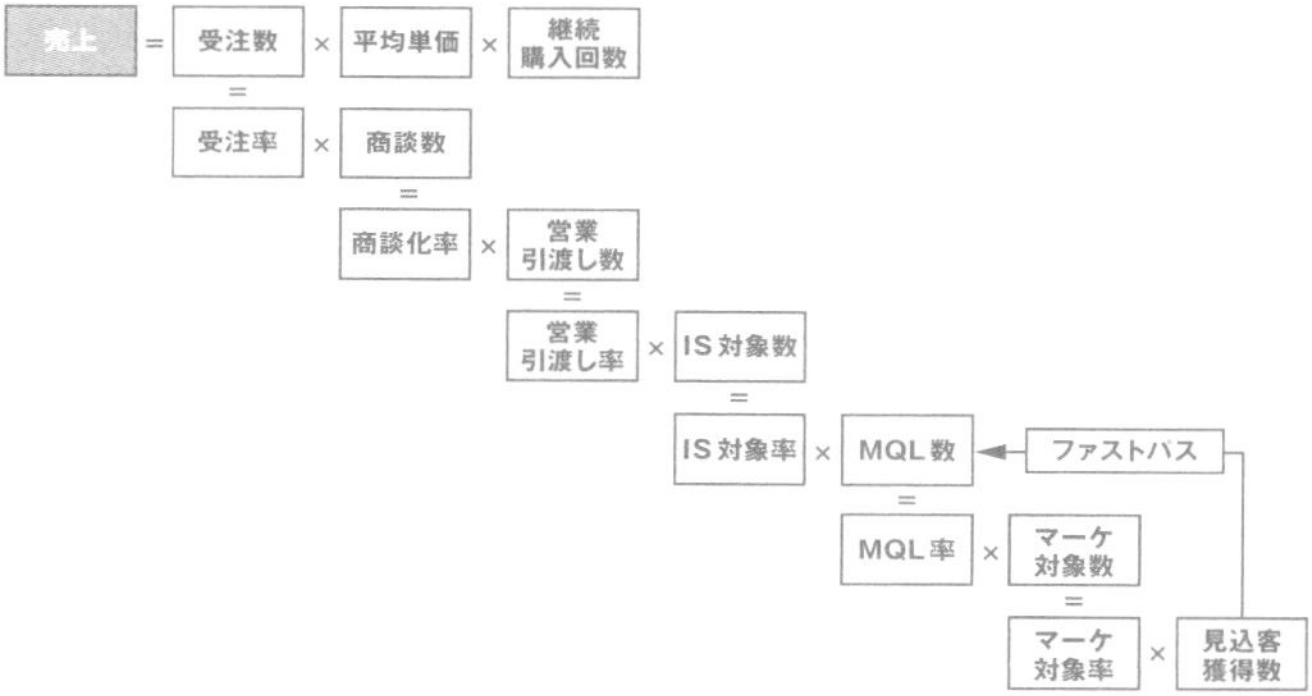

【図 30. ファストパスの場合】

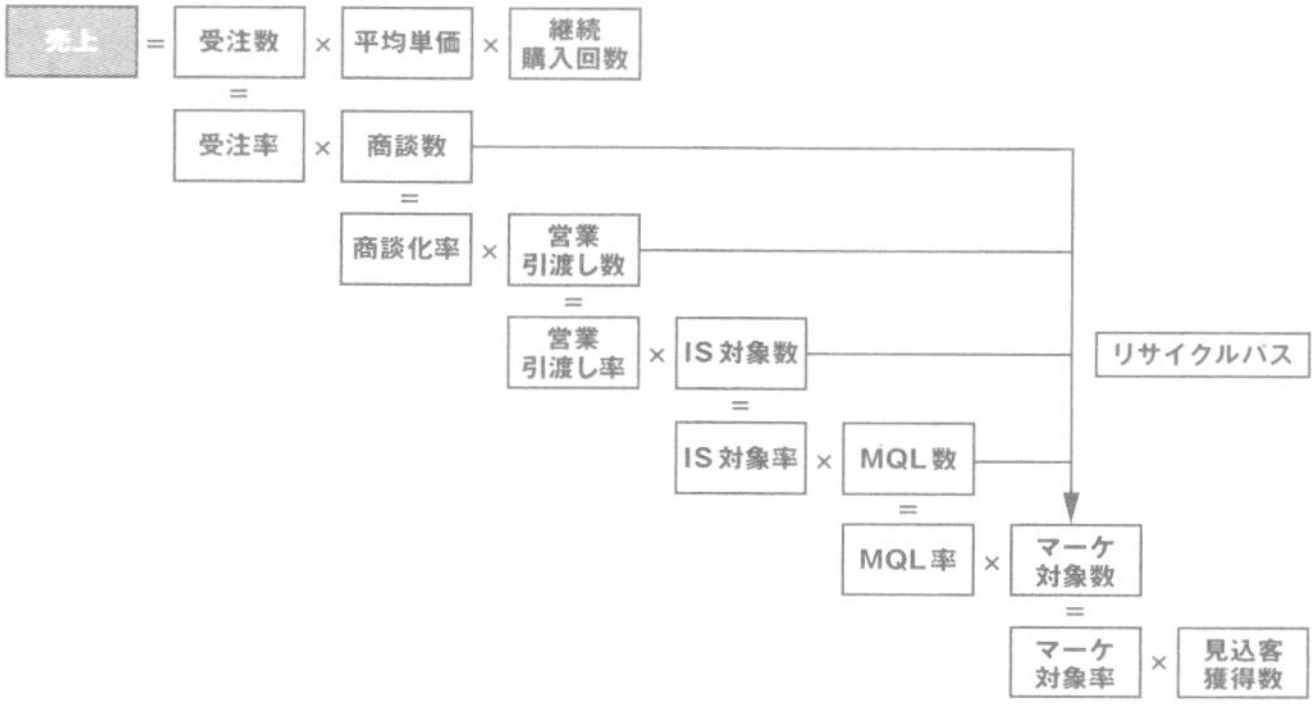

【図 31. リサイクルパスの場合】

たとえば、問い合わせフォームからの顧客なら、90%に近い数が、すぐに営業対応しなければならないＭＱＬになると思います（図32）。

また、たとえば、展示会であれば、リード獲得数は多いものの、ＭＱＬへの転換率は、問い合わせほどにはいたらないことでしょう。５%の場合でシミュレーションするとどうなるか考える必要があります（図33）。

さらにいうと、展示会が6月に仮に実施されたとして、営業にまで展開されるまでにはある程度のリードタイムも必要となることでしょう。その場合は当然、期ずれも発生するはずです。商談化するまでに何か月くらいかかるのか？　商談化されてから、受注するまでにどれくらいかかるのか？　によっても、最終受注する数字は異なります。

ある程度、期ごとでシミュレーションするならば、前期でつくった数字も考慮にいれつつ考えていくとより精緻な予定を検討することができるのではないかと思います。

チャネル	新規率	既存率	レスポンス数	4月	5月	6月	7月	8月	…	3月
問い合わせフォーム	90%	10%	1800	100	100	110	110	120	…	150
資料ダウンロード	80%	20%	4600	200	200	220	230	250	…	300
展示会	95%	5%	3500	0	0	2000	0	0	…	1500
ウェビナー	15%	85%	2800	0	0	300	300	300	…	400

ステージ	ステージ遷移率	小計	4月	5月	6月	7月	8月	…	3月
CV ⇒ MQL	90%	1600	90	90	99	99	108	…	135
MQL ⇒ IS引き渡し	80%	1300	72	72	79	79	97	…	121
IS引き渡し⇒ IS活動	40%	520	29	29	32	32	39	…	48
IS活動⇒営業引き渡し	30%	156	10	10	11	11	13	…	16
営業引き渡し⇒営業活動	50%	156		5	5	6	6	…	8
営業活動⇒受注	20%	156			1	1	2	…	2

【図32. 各チャネルごとの反応状況と各問い合わせフォームのステージ遷移状況】

チャネル	新規率	既存率	レスポンス数	4月	5月	6月	7月	8月	…	3月
問い合わせフォーム	90%	10%	1800	100	100	110	110	120	…	150
資料ダウンロード	80%	20%	4600	200	200	220	230	250	…	300
展示会	95%	5%	3500	0	0	2000	0	0	…	1500
ウェビナー	15%	85%	2800	0	0	300	300	300	…	400

ステージ	ステージ遷移率	小計	4月	5月	6月	7月	8月	…	3月
CV ⇒ MQL	5%	175	0	0	100	0	0	…	75
MQL ⇒ IS引き渡し	80%	140	0	0	80	0	0	…	60
IS引き渡し⇒ IS活動	40%	56	0	0	32	0	0	…	24
IS活動⇒営業引き渡し	30%	17	0	0	11	0	0	…	8
営業引き渡し⇒営業活動	50%	6				6	0	…	0
営業活動⇒受注	20%	1					1	…	0

【図33. 各チャネルごとの反応状況と展示会のステージ遷移状況】

こうした計算式を、チャネルごと、月次ごとにつくっていき、予定と実績をしっかりと立てて記録していくとよいでしょう。そして、このチャネルごと、月次ごとの計画こそが、まさにマーケティング施策の年間計画となるわけです。

また、問い合わせの数を増やしていくためには、ウェブサイトの改善や集客施策が必要となります。計画がないと課題もみつけることはできません。まずは目印となるような計画を立てることをおすすめします。

レベニューサイクルモデルにおけるボトルネック

レベニューサイクルモデルにおけるボトルネックは、リソースよりもちいさな数量がでたときや、反対にリソースよりもおおきな数量がでたときです。この事象が表れたということは、計画どおりにステージが進んでいないことを示しています。前者の場合は、マーケティング施策による測定の見誤りや、実行状況の停滞などに原因があるケースがほとんどです。

どのような対応策を打てば計画どおりになるのか、次のような側面から検討する必要があるでしょう。

- **まえのステージにある数は、ショートしていないか**
- **各ステージへの転換率は、ショートしていないか**
- **人的リソースがからむステージの数は、オーバーしていないか**
- **人的リソースがからむステージの数は、ショートしていないか**
- **営業やインサイドセールスは、タイムリーにデータ入力ができているか**

マーケティングによって多くの見込客がだせたのは喜ばしいことですが、後続である営業がまわりきれるとは限りません。反対に、営業のリソースが余っているのに、マーケティングが絞り込んだことで引き渡しの数が少ないケースも起こります。

要するに、適切な量を、適切な質でだせているかが計画遂行のポイントになります。営業のリソースに限界があるのであれば、転換率を変えるために質をよくするなどの改善策が必要で、その見極めがボトルネック解消に寄与します。

それには、各部門間の接続における意識合わせがきわめて重要だということがわかります。相互に意識合わせができていなければ、フィードバックは機能しませんし、運用は滞ってしまいます。

レベニューサイクルモデルを絵に描いた餅で終わらせないためには、各部門が各ステージをしっかりと理解し、レベニューサイクルモデルへコミットすることが大切なのです。

マネジメントする仕組みはあるか

よくある課題は、計画は立てたものの、その計画に沿って、しっかりと運用できているかどうかです。ＫＰＩやＫＧＩに対してマネジメントする仕組みがないと、計画はたんなる計画に終わってしまいます。

マネジメントをする仕組みには、計画を遂行するための計画と、現時点の数字をリアルタイムにみるためのものと、計画に対して改善するポイントを検討するものと、三つのマネジメント要素が必要になります。

計画を遂行するための計画とは、マーケティング施策を実行するための計画です。たとえば、展示会の開催が来月に予定されているのであれば、事前の集客やブースの設営、製品やサービスの訴求方法、当日の運営など、やるべきことは多くあるので、前月の段階では準備がある程度進んでいないと間に合いません。

このような直近の、施策単位でのスケジューリングはみなさんも経験済みだと思います。

しかし、年間のマーケティングプランとなるとどうでしょうか。

四半期ごとの稟議やさまざまな申請による影響もあって、年間のマーケティングプランは立てにくいのが現状です。

そうなると、いつまでになにをやるのか、時間軸の見通しが悪くなってしまうリスクがでてきます。年間を通じた新規の見込客獲得数に対する見込みも、甘くなったり反対に厳しくなりすぎたりする可能性もでてくるでしょう。その結果、マーケティングの予実管理が不確かなものになるのです。

また、年間のマーケティングプランがないと、リソースが逼迫してしまう事態を招きかねません。突如として降りてくるマーケティングの実施案件では、適切な対処がむずかしくなるでしょう。

次に、リアルタイムに数字を見る方法として、ダッシュボードが有効です。MAやSFAなどによって決定した目標と、現状の実績の進捗状況がわかるものを定常的にレポートし、関係者がいつでも閲覧できる状態になっていることが望ましい状況です。

当社の場合は、年度ごとに目標を設定し、さらに四半期単位で分割したダッシュボードで共有しています。ただし、あまり細かい内容を詰め込みすぎるとみるべきポイントが分散してしまうので「役割ごとに必要最小限ですむもの」と「より詳細なところに踏み込むもの」にしてわけて管理をしています。年次更新は手間がかかりますが、毎年期首にはシステムにも反映させていく必要があります。

計画に対して改善するポイントを検討する必要性があるのは、やりっぱなしにならないためです。どうしても実行に追われて、しっかり次に活かすための対話がなされていないことが多いのではないでしょうか。目的や目標に対して、結果がどうだったのか？　定量的に評価することができるでしょうか。また、目標や目的に対して乖離している場合は、どのような改善をすべきかを検討していけているでしょうか。

営業では、予実管理が徹底しています。全体の売り上げから個々の営業にブレークダウンし、月次単位で設定されるのが一般的です。マーケティングにおいても、キャンペーンごとに予実管理をおこなって、年間のマーケティングプランに活かすべきだと思います。

レベニューサイクルモデルは設定だけでなく、運用することが重要です。運用とは、マネジメントをすることです。さまざまなことが計画どおり実行されているか、管理することがマネジメントのはたすべき役割となります。

また、個人や部門ごとのＫＰＩの達成状況などを把握し、課題が発覚した場合は、速やかに解決に導く機能を仕組みとしてもっておくことが重要となります。

「会議の役割」を明確にする

最後に、各種会議について考えてみましょう。

営業会議では、おもに商談の進捗がテーマとなります。受注予定日が遅延している商談や、商談フェーズに変化がなく停滞しているもの、営業活動履歴がなく商談に対するアプローチの痕跡がないものなど、課題のある案件に対するテコ入れをおこないます。

さらに、今月、来月、再来月と、コミット可能な数字と不足分とを検証して、注力すべき商談の確認をおこないます。

マーケティング会議では、施策の実行状況や反応状況、目標との乖離に対する改善などが話し合われます。ここの施策実行が遅れると、全体の目標数値にも影響を与えてしまうため、年間計画がスムーズに実行されているか、目標を達成するための要件を満たしているかなどを十分に検討します。

新規見込客を獲得するだけでは十分とはいえず、インサイドセールスに引き渡されたあとも、定量的な管理状況を確認する必要があります。もしそこに乖離があるようなら、インサイドセールスとMQLの定義について見直すなどの対策が必要になります。

インサイドセールスの会議は、マーケティングの会議と一体化することが効率につながる場合もあります。双方の施策の内容や、実行スケジュールの相互把握、インサイドセールスとしてのアプローチ方法の検討が、おもなテーマとして考えられます。会議が一体化しない場合でも、これらについて、マーケティングとインサイドセールスでは合同打ち合わせの機会をもつべきだと思います。

また、インサイドセールスは営業とも合同打ち合わせの機会を必ずもつべきです。売り上げに貢献できそうな見込客を相互に確認して、注力すべき顧客のピックアップを実施するためにも重要な場になります。

インサイドセールスはマーケティングと営業の双方にとって接続点でもあるため、両サイドと意思統一をする場を設ける必要があるのです。


基本中の基本となるのは、企業の各部門にはタスクが存在し、そのタスクを実施するために予算やリソースがあるのだということです。予算やリソースは無尽蔵ではないため、本書でここまでに紹介してきたさまざまなメソッドが存在します。

施策は、闇雲におこなってみたところで、問題解決にはつながりません。

「なぜそれをやるのか」「どうやってそれをやるのか」「やった結果で得られるものはなにか」「得られたものを次はどう活かすのか」を考え、運用していくのがマネジメントシステムの本質でしょう。

計画は実行されなければ意味がありません。しかし「計画」と名のつくものほどなかなか思いどおりにはいかないものです。あきらめることなく、何度も改善を繰り返していくことで、みなさんのマーケティングは「あるべき姿」に近づいていくと私は信じています。

おわりに

変わるものと変わらないもの

本書を最後までお読みいただきありがとうございました。

みなさんがビルの地下1階から上りはじめて、地上10階の景色をみることができたのであれば、とてもうれしく思います。

しかし、もちろんここがゴールではありません。最終的には、みなさんが実践してみて、改善を繰り返し、より精度を高めていくことが重要となります。

11階より上に向かうためには、やはり自分自身の脚で上るしかないのです。それでも、これまで学んできた「型」から逸脱することなく上り続けていけば、その先にはさらにまだみぬ景色が広がっていることでしょう。私自身もまだまだ日々勉強、日々挑戦、日々失敗ばかりです。


では、なぜこんなしんどいことをしているのでしょうか。

それはひとえに、マーケティングが奥深いからにほかなりません。私は、マーケティングが人々を幸せにし、マーケティングは世の中をよりよくすると信じているからです。

10年前にマーケティングと出合えていなかったら、私はセミナーに登壇してお話をしたり、このような書籍を書いたりしていなかったことでしょう。マーケティングと出合えていなかったら、いまの会社は、私の代でなくなっていたかもしれません。

もし、マーケティングと出合えていなかったら、さまざまな優秀な方と仕事をご一緒することもなかったことでしょう。もし、マーケティングと出合えていなかったら、お客様がかかえる多くの課題を解決することはできなかったことでしょう。

10年前の私からしてみれば、信じられないことばかりが、現実になっています。しかし、その道のりは決して楽ではなく、おおきな決断や責任がともなっていました。

現代では、方法やノウハウ、体系などは先人の知恵が蓄積され、マーケティングについて学べる環境は整っています。しかし、この段階で留まってしまう人は少なくありません。

だからこそ、実行することで、差がでるのです。最後はみなさんのやる気次第なのです。失敗を恐れず、マーケティングの力を信じて、一緒にまだみぬ景色をみることができれば幸いです。

最後に、私が経営するワンマーケティング株式会社についてご紹介したいと思います。

2022年、創業事業のひとつであったシール印刷の事業を売却しました。きっかけとなったのは、長年勤めていただいた工場長の引退です。これを機にシール印刷の見積もりサイトを閉じて、印刷機器も売却しました。幸いなことに、サービスを提供していたウェブサイトの購入を希望する同業者様と巡り合い、サービスを停止することなく移行させることができました。

シール印刷事業の売却とともに、40年来当社とともにあった自社ビルを売却しました。このビルのおかげでどれだけ私たちは助けられたことか、感無量の想いでした。働き方がおおきく変化し、スタッフが全国からリモートで勤務しているいま、自社ビルの売却は自然な流れだったと思います。このビルもまた、素晴らしい方との巡り合わせで、壊されることなく改装して使っていただけることになりました。

このような結果として、当社は財務上の重荷となっていた借入金を返済し、自己資本比率を改善して、財務状態をおおきく改善させることができました。

また、長年勤続してくれた私の父でもある会長は、これを機に勇退することとなりました。現在は、ＢｔｏＢマーケティング事業に全戦力を投下し、ますます本事業を中心にサービスを進化させてきたいと考えています。

マーケティングテクノロジー事業の推進

2015年より導入支援をしてきたAdobe社のMarketo Engageをはじめ、2018年にはSalesforce Account Engagement（旧Pardot）、2022年からはHubspotのサービス提供を開始し、シェアの高いマーケティングオートメーションを取り扱うようになりました。いままでは、日本国内では数少ないマルチベンダーとして、BtoB企業のお客様に高品質なサービス提供をしていきたいと考えています。

また、お客様のマーケティングとセールスの連携を加速させるために、従来のリードのみならず、匿名リードに対するアプローチをより効果的に実践するTrendemon社のBtoB向けパーソナライゼーションのソリューションを提供することになりました。

もちろん、テクノロジーの提供だけではなく、当社の強みは本書でもお伝えしてきましたレベニューサイクルモデルの構築支援でもあります。匿名リードからリードジェネレーション、ナーチャリング、クオリフィケーションまで一気通貫でサポートし、お客様のマーケティングDX、セールスDXを力強くサポートしていきたいと考えています。

変わるものと変わらないもの

創業から50年を経て、私たちの事業はおおきく変化しました。また、ワンマーケティングとして、ＢｔｏＢマーケティングサービスの提供を開始してから10年が経過し、この1年間は私たちにとっておおきな変革のときとなりました。

しかし、それでも変わらないものがあります。それはお客様への感謝の気持ちであり、お客様のお役に立ちたいという想いです。印刷事業からマーケティング事業への転換も、どうしたらもっとお客様のお役に立つことができるのかを考えぬいてたどり着いた解でした。

もしかすると、現在のマーケティング事業も、社会環境の変化とともに変わることがあるかもしれません。しかし、これからも変わらないものは「お客様のお役に立ちたい」という想いです。

つねにこの気持ちを忘れないことを、これから先もお客様に約束したいと思います。

そのような想いを込めて、私たちは新たに理念を制定しました。

ワンマーケティングの理念

「今日も、大切な人が、喜ぶ日にしよう。」

私たちのもっともおおきな喜びは、自分にとって大切な人を、喜ばせることです。
心から力になりたいと思えるお客様と出会い、その人の喜びを創ること。
一緒にはたらく仲間と、喜びを与え合うこと。
一緒に暮らす家族と、喜びにあふれる毎日を歩んでいくこと。
そんな日々を通して、自分自身もおおきな喜びで満たしていくこと。

私たちは、時代がどのように変わろうとも
喜びのある今日を創りつづけます。

以上の想いを胸に、お客様の喜びを創りだせる会社であることを目指して、全社員一丸で取り組んでまいります。

私が自分で信じた道をただただ応援してくれた母、これまで50年以上も会社を運営してきた父、またいつも笑顔で応援してくれている家族、私を信頼してこれまでの道のりをついてきてくれた社員のみんな、そして、私をつねに成長させてくださるお客様、パートナー様に、心より御礼を申しあげます。さらに精進し、みなさまにとって価値ある存在となれるよう目指していきたいと思います。

最後までご高覧いただき、まことにありがとうございました。

本書が一助となって、みなさまのビジネスがよりよいものに変わることをお祈り申しあげます。

著者

参考文献（順不同）

**『THE MODEL マーケティング・インサイドセールス・
営業・カスタマーサクセスの共業プロセス』**
福田 康隆（著）
翔泳社

**『「数字指向」のマーケティング
データに踊らされないための数字の読み方・使い方』**
丸井 達郎（著）
翔泳社

『究極のBtoBマーケティング ABM』
庭山 一郎（著）
日経 BP

**『マーケティングオペレーション（MOps）の教科書
専門チームでマーケターの生産性を上げる米国発の新常識』**
丸井 達郎　廣崎 依久（著）
翔泳社

『隠れたキーマンを探せ！ データが解明した 最新B2B営業法』
ブレント・アダムソン　マシュー・ディクソン
パット・スペナーニック・トーマン（著）
神田昌典　リブ・コンサルティング（日本語版監修）　三木俊哉（訳）
実業之日本社

『キャズム』
ジェフリー・ムーア（著）　川又 政治（訳）
翔泳社

**『BtoBのためのマーケティングオートメーション
正しい選び方・使い方
日本企業のマーケティングと営業を考える』**
庭山 一郎（著）
翔泳社

**『バリュー・プロポジション・デザイン
顧客が欲しがる製品やサービスを創る』**
アレックス・オスターワルダー　イヴ・ピニュール
グレッグ・バーナーダ　アラン・スミス（著）　関美和（訳）
翔泳社

著者プロフィール

垣内 良太

ワンマーケティング株式会社 代表取締役

1974年生まれ。大学卒業後、1996年に中堅印刷会社に入社し新規営業開拓に専念。2002年より実父が創業した現会社に入社。印刷事業を中心に、展示会や Web などのマーケティング施策の企画・実行支援に従事。2009 年より BtoB マーケティングサービスを展開。2013 年5月にBtoB マーケティングサービス事業に専念するためワンマーケティング株式会社に社名変更。2018 年に同社代表取締役に就任。以来、数多くの大手 BtoB 企業のマーケティングコンサルティングに従事。MA、SFA導入等多くのプロジェクトに参画した経験をもつ。

「売れる営業」を創出する
BtoBマーケティングの「型」

発行日　2023年7月21日　第1刷

Author　垣内良太
Book Designer　江森丈晃

Publication　発行　ディスカヴァービジネスパブリッシング
発売　株式会社ディスカヴァー・トゥエンティワン
〒102-0093　東京都千代田区平河町2-16-1 平河町森タワー11F
TEL　03-3237-8321（代表）　03-3237-8345（営業）
FAX　03-3237-8323
https://d21.co.jp/

Publisher　谷口奈緒美
Editor　林秀樹（編集協力：新田匡央）

Marketing Solution Company
飯田智樹　蛯原昇　古矢薫　山中麻吏　佐藤昌幸　青木翔平　小田木もも　工藤奈津子　佐藤淳基
野村美紀　松ノ下直輝　八木眸　鈴木雄大　藤井多穂子　伊藤香　小山怜那　鈴木洋子

Digital Publishing Company
小田孝文　大山聡子　川島理　藤田浩芳　大竹朝子　中島俊平　早水真吾　三谷祐一　小関勝則　千葉正幸
原典宏　青木涼馬　阿知波淳平　磯部隆　伊東佑真　榎本明日香　王廳　大﨑双葉　大田原恵美　近江花渚
佐藤サラ圭　志摩麻衣　庄司知世　杉田彰子　仙田彩歌　副島杏南　滝口景太郎　舘瑞恵　田山礼真
津野主揮　中西花　西川なつか　野﨑竜海　野中保奈美　野村美空　橋本莉奈　廣内悠理　星野悠果　牧野類
宮田有利子　三輪真也　村尾純司　元木優子　安永姫菜　山田諭志　小石亜季　古川菜津子　坂田哲彦
高原未来子　中澤泰宏　浅野目七重　石橋佐知子　井澤徳子　伊藤由美　蛯原華恵　葛目美枝子　金野美穂
千葉潤子　西村亜希子　畑野衣見　藤井かおり　町田加奈子　宮崎陽子　青木聡子　新井英里　石田麻梨子
岩田絵美　恵藤奏恵　大原花桜里　蠣﨑浩矢　神日登美　近藤恵理　塩川栞那　繁田かおり　末永敦大
時田明子　時任炎　中谷夕香　長谷川かの子　服部剛　米盛さゆり

TECH Company
大星多聞　森谷真一　馮東平　宇賀神実　小野航平　林秀規　斎藤悠人　福田章平

Headquarters
塩川和真　井筒浩　井上竜之介　奥田千晶　久保裕子　田中亜紀
福永友紀　池田望　齋藤朋子　俵敬子　宮下祥子　丸山香織

Proofreader　株式会社T&K
DTP　江森丈晃
Printing　日経印刷株式会社

ISBN978-4-910286-31-0　©Ryota Kakiuchi, 2023,　Printed in Japan.